ŒUVRES COMPLÈTES

DE

SIR WALTER SCOTT.

Traduction Nouvelle.

PARIS,

A. SAUTELET ET Cᵒ ET CHARLES GOSSELIN

LIBRAIRES-ÉDITEURS.

M DCCC XXVII.

H. FOURNIER IMPRIMEUR.

ŒUVRES COMPLÈTES

DE

SIR WALTER SCOTT.

—

TOME TRENTE-SEPTIÈME.

IMPRIMERIE DE H. FOURNIER,

RUE DE SEINE, N° 14.

LE MONASTÈRE.

TOME SECOND.

(𝔗𝔥𝔢 𝔐𝔬𝔫𝔞𝔰𝔱𝔢𝔯𝔶.)

LE MONASTÈRE.

(The Monastery.)

CHAPITRE XIII.

« Si vous aviez vu ce meunier !
» Dix hommes ne l'effrayaient guère.
» C'était un vigoureux compère
» Qu'il ne fallait pas coudoyer.
L'Église du Christ sur la verdure du vallon.

Le soleil était couché, comme nous l'avons déjà dit, quand Halbert Glendinning rentra chez sa mère. Dans cette saison de l'année, midi était l'heure du dîner, et l'on soupait environ une heure après le coucher du soleil.

Le premier de ces deux repas s'était fait sans Halbert, mais son absence, qui contraria sa mère, ne lui causa aucune inquiétude, parce qu'elle était habituée au peu d'exactitude de son fils ; aussi une observation boudeuse était presque le seul reproche qu'elle se promettait de lui faire.

Elspeth en fut pourtant plus contrariée que de coutume en cette occasion, non pas seulement à cause de la tête et des pieds de mouton qui étaient sur la table avec un haggis (1) et des cotelettes, mais encore parce qu'il venait d'arriver chez elle un personnage important qui n'était rien moins que Hob Miller, comme on l'appelait généralement, quoique son nom fût Happer.

Telles que les ambassades que les potentats s'envoient les uns aux autres, la visite du meunier avait deux objets : l'un ostensible, l'autre secret. En apparence, il faisait une tournée dans les domaines de l'abbaye, pour prendre part aux réjouissances auxquelles les habitans de la campagne avaient coutume de se livrer quand ils venaient de terminer leur récolte, et pour renouveler connaissance avec ses amis dans ce moment de plaisir et de gaieté. Mais dans le fait il était bien aise d'obtenir des renseignemens exacts sur la quantité de grains que chaque feudataire avait récoltée, afin qu'on ne pût se soustraire à aucun droit de mouture.

Tout le monde sait que les cultivateurs, dans chaque baronnie temporelle ou spirituelle d'Écosse, sont obligés de faire moudre leurs grains au moulin de leur territoire, et d'y payer un droit de mouture considérable,

(1) Voyez sur ce ragoût national une note des volumes précédens. — Éd.

appelé *intown multure*; je pourrais parler aussi de la
servitude des choses à porter et transporter; mais lais-
sons cela. J'en ai dit assez pour prouver que je n'ai pas
manqué de consulter un livre. Les habitans de ces terres
appelées *Sucken*, qui, rebelles à cette servitude, portaient leur grain à un autre moulin, étaient soumis à
des amendes. Or il y avait, à peu de distance de Glendearg, un moulin situé sur les domaines d'un baron
séculier. Le meunier en était fort accommodant, et il
fallait toute la vigilance de Hob Miller pour empêcher
qu'on éludât son monopole.

Le moyen le plus efficace qu'il avait pu imaginer à
cet effet était de faire tous les ans une visite chez les
principaux cultivateurs, vassaux du monastère, immédiatement après la récolte; c'était sous le prétexte de
leur donner une marque d'amitié qu'il visitait leurs
granges, comptait leurs meules de grain, s'assurait par
lui-même de la qualité de la récolte de chacun d'eux,
et calculait ce qu'elle devait produire; ce qui le mettait
en état de juger ensuite si une partie de la mouture (1)
n'était point partie par un chemin détourné.

Dame Elspeth, comme les autres, était obligée de recevoir ces visites domiciliaires à titre de politesse; mais
elle n'avait pas encore vu le meunier depuis la mort de
son mari, probablement parce que la tour de Glendearg
était loin, et qu'il n'y avait que peu de terres labou-
rables, appelées *infield lands*, qui en dépendissent. Mais
cette année, par le conseil de Martin, dame Elspeth
avait fait la spéculation de mettre en valeur plusieurs
arpens de terres désignées sous le nom d'*outfields*, et

(1) *Grist*, grain moulu, *griot*. — Éd.

l'année ayant été favorable, elle y avait fait une assez
bonne récolte ; et ce fut sans doute cette circonstance
qui détermina l'honnête meunier à comprendre pour
cette fois la tour de Glendearg dans sa ronde annuelle.

Elspeth, en cette occasion, reçut avec plaisir une visite qu'elle ne faisait autrefois qu'endurer avec patience.
La cause de ce changement était que le meunier avait
amené avec lui sa fille Mysie dont elle avait décrit la
mise au sous-prieur avec tant d'exactitude, mais dont
il ne lui avait pas été possible d'indiquer seulement les
traits.

Jamais, jusqu'à ce jour, elle n'avait songé à cette
jeune fille, mais les questions du sous-prieur ayant
éveillé sa curiosité, elle avait pris des renseignemens,
et avait su que Mysie était une bonne fille, aimant à rire,
et d'un excellent caractère ; qu'elle avait les yeux noirs,
les joues vermeilles, et la peau aussi blanche que la plus
belle farine de son père, dont on faisait le petit pain de
l'abbé. Quant à la fortune, objet important, Mysie était
fille unique ; son père avait amassé, grace à son moulin
et à cette adresse de meunier qui a passé en proverbe,
un bon petit lopin de terre, et son mari pourrait espérer de succéder au moulin et aux propriétés de son
beau-père, surtout s'il obtenait les bonnes graces de
l'abbé de Sainte-Marie, et la protection du prieur, du
sous-prieur, du sacristain, etc., etc.

A force de réfléchir sur tous ces avantages, Elspeth
vint à penser que le seul moyen d'empêcher son fils
Halbert de se livrer au goût qu'il paraissait avoir pour
les armes, était de le marier, et que Mysie Happer lui
conviendrait assez.

Cette pensée l'occupait souvent, et elle y songeait

encore quand elle vit précisément arriver le meunier
sur sa grosse jument, ayant en croupe sa fille, fraîche
comme une rose, semblant ne respirer que la gaieté,
mise avec une véritable coquetterie de village, et avec
une profusion de boucles de cheveux noirs comme l'é-
bène. Ses rêves ne se réalisaient-ils pas? N'était-ce pas
le ciel qui envoyait Mysie pour fixer l'inquiet et indo-
cile Halbert? Il est vrai qu'il était probable que Mysie,
telle qu'elle la voyait, aimait mieux danser autour d'un
mai que de veiller aux soins d'un ménage, et qu'Halbert
avait plus de goût pour casser des têtes à coups d'épée
que pour moudre des sacs de farine. Mais un meunier
doit toujours être un gaillard robuste et tel il a toujours
été décrit depuis Chaucer et Jacques Ier (1). En effet,
tenir tête à tous les habitans de la banalité ou *sucken*
(pour nous servir encore une fois de ce mot barbare),
les battre même dans tous les exercices gymnasti-
ques, était un moyen de faciliter la perception de ces
droits qu'on aurait pu disputer à un champion moins
redoutable. Quant à Mysie, si elle n'était pas en état de
tenir une maison, sa belle-mère s'en chargerait : — J'irai

---

(1) Les vers que nous avons choisis pour l'épigraphe de ce chapitre sont extraits d'un poëme attribué à Jacques Ier, roi d'E-
cosse. Quant au meunier qui figure parmi les pèlerins de Cantor-
béry *, outre son épée et son bouclier, il avait d'autres attributs
qui prouvent tous, et surtout le dernier, qu'il comptait plus sur la
dureté de son crâne que sur la force de son cerveau. — « Le meunier était un robuste paysan, avec des os solides et des muscles
vigoureux ; aussi dans la lutte emportait-il presque toujours le
bélier comme vainqueur. Ses épaules étaient larges et bien faites ;
il n'était pas de porte qu'il ne pût enfoncer avec sa tête, etc. »
ÉD.

* De Chaucer. — ED.

I.

demeurer avec eux, pensa-t-elle; et alors Édouard pourra prendre avec son frère des arrangemens pour le fief. Et qui sait si Marie Avenel, malgré sa haute naissance, ne s'assiéra pas dans mon grand fauteuil au coin du feu? Il est vrai qu'elle n'a rien; mais dans tous les domaines de Sainte-Marie, on ne trouverait pas une fille qui ait autant de bon sens et de beauté; et quoique son oncle se soit emparé de tous ses biens, il est possible qu'une flèche trouve le défaut de sa cuirasse. Je ne dispute pas la noblesse des Avenel; mais Édouard pourrait dire avec le proverbe :

— Noble vaillance
Vaut noble naissance.

et d'ailleurs ce n'est pas un sang roturier que celui des Brydone et des Glendinning... car Édouard...

La voix forte du meunier interrompit en ce moment les réflexions de dame Elspeth, et lui rappela que si elle voulait voir se réaliser ses châteaux en l'air, il fallait qu'elle commençât par en jeter les fondemens en recevant ses hôtes avec civilité, au lieu de les laisser sans faire attention à eux, et couverts de leurs manteaux de voyage, comme s'ils devaient repartir à l'instant.

— Il paraît que vous êtes fort occupée, dame Elspeth, dit le meunier : en conséqueuce, Mysie et moi nous allons remonter à cheval, et descendre la vallée pour retourner chez John Broxmouth, qui nous avait invités à passer la journée chez lui.

Au milieu de ses rêves de mariage, Elspeth se trouvait presque dans la situation de la laitière de la fable; mais le pot au lait ne faisait que chanceler sur la tête de la veuve de Glendinning, et elle se hâta de rétablir l'é-

quilibre. Au lieu de chercher à s'excuser de sa distrac-
tion et de son manque d'attention pour ses hôtes, ce
qui lui eût été difficile, elle prit l'offensive en habile
général qui veut cacher sa faiblesse par une attaque
hardie.

Elle se récria et elle se plaignit amèrement de son ancien ami, qui pouvait douter un instant du plaisir qu'elle
avait à le recevoir ainsi que son aimable fille, et songer
à retourner chez John Broxmouth, quand la vieille
tour était toujours à son service, quoiqu'il eût paru la
dédaigner depuis quelque temps, lui que le pauvre
Simon regardait comme le meilleur ami qu'il eût au
monde! Enfin elle en dit tant, qu'elle finit par s'en imposer aussi bien qu'au meunier, qui d'ailleurs n'était
pas disposé en ce moment à prendre mal les choses, et
qui, ayant mis dans ses projets de passer la nuit à la
tour, se serait bien contenté d'un accueil moins cor-
dial.

— Ne vous fâchez pas, dame Elspeth, répondit-il à
ses reproches; je croyais que vous pouviez avoir d'autre
grain à moudre, car on aurait dit qu'à peine nous aper-
ceviez-vous. Savais-je d'ailleurs si vous n'aviez pas de
l'humeur à cause de quelques mots que j'ai eus avec
Martin relativement au droit de mouture pour le dernier orge que vous semâtes; je sais bien que les moutures sèches (1) sont quelquefois dures à digérer: chacun
cherche ce qui lui est dû, et cependant les gens vont
dire partout volontiers qu'il est à la fois meunier et

(1) On appelait *moutures sèches* une amende ou indemnité exi-
gée en argent de ceux qui faisaient moudre leurs grains ailleurs
qu'au moulin banal. C'était une exaction très mal vue. — Éd.

garçon de meunier, c'est-à-dire meunier et fripon (1).

— Hélas! pouvez-vous parler ainsi, voisin *Hob*? ou
est-il bien possible que Martin ait eu quelques gros mots
avec vous au sujet des moutures? — Je lui laverai la
tête, croyez-le, sur la parole d'une veuve. Vous savez
bien qu'une femme seule est bien mal servie par ses domestiques.

— Non, dame Elspeth, reprit le meunier en débou-
clant le ceinturon qui servait en même temps à fixer
son manteau et à suspendre sa rapière, vraie lame
d'André Ferrare; non, ne grondez pas Martin, car je
ne lui en veux pas. Je regarde comme une obligation
de mon état de défendre mon droit de mouture de *lock*
et de *goupen* (2), et je n'ai pas tort, car, comme dit la
chanson :

De mon moulin je vis . Dieu le bénisse !
Il est pour moi, ma mère et mes enfans.

le pauvre moulin! je lui dois ma vie, et, comme je dis
à mes garçons, je lui suis attaché à tort et à travers,

(1) Le meunier en second est appelé le fripon (*knave*) dans le
langage des banalités , et ce mot signifiait dans l'origine le garçon
meunier (*knabe* en allemand): peu à peu ce mot fut pris dans
le mauvais sens. Dans les vieilles traductions de la Bible , Paul se
nomme le fripon de Notre Seigneur (*knave*). La quote-part de
farine retenue par le garçon meunier s'appelait *knaveship* (friponnerie). — ÉD.

(2) Le droit de mouture était le droit légitime et régulier ; le
lock (petite quantité) et le *groupen* (une poignée) étaient les exac-
tions additionnelles qu'exigeaient le meunier, et que les gens du
suckeners ou banalité refusaient de lui accorder, s'ils le pouvaient.
Ces petits droits s'appelaient généralement les séquelles (*sequels*).
ÉD.

comme chacun doit l'être à son gagne-pain. Ainsi donc,
Mysie, débarrassez-vous de votre mantelet, puisque
notre voisine est si charmée de nous voir ; et je n'ai pas
moins de plaisir à me trouver chez elle, car dans toute
la juridiction de l'abbaye il n'y a personne qui paie si
bien ses droits de mouture, et qui envoie si régulière-
ment tous ses grains à mon moulin.

Sans plus de cérémonie il déchargea ses épaules d'un
ample manteau qui les couvrait, et le suspendit à un
bois de cerf attaché au mur, qui servait au même usage
que les élégans porte-manteaux qu'on y a substitués
depuis ce temps.

De son côté Elspeth aidait Mysie, qu'elle regardait
déjà comme sa bru, à se débarrasser d'une grande
mante à capuchon, et elle put considérer plus à son
aise la fille du riche meunier. Elle portait une robe
blanche dont toutes les coutures étaient couvertes d'une
broderie en soie verte entremêlée d'un fil d'argent : un
réseau de même couleur était placé sur ses cheveux
noirs, qui s'en échappaient en longues tresses que l'art
et la nature avaient bouclées. Sa figure était fort agréable ; des yeux noirs, bien fendus et vifs, une petite
bouche, des lèvres vermeilles, quoique un peu grosses,
des dents d'une blancheur parfaite, une fossette au
menton, et deux autres qui se formaient sur ses joues
lorsqu'elle souriait, c'est-à-dire presque continuellement : tous ces traits menaçaient de devenir masculins
dans quelques années, ce qui est le défaut ordinaire des
beautés écossaises ; mais alors Mysie, âgée de seize ans,
avait la taille et la figure d'Hébé. Elspeth, malgré la
partialité maternelle, ne put s'empêcher de s'avouer à
elle-même qu'un plus bel homme qu'Halbert pourrait

aller bien loin et plus mal choisir. Mysie semblait un peu légère ; Halbert n'avait pas encore dix-neuf ans ; mais, n'importe, il était temps de le marier, car la bonne dame en revenait toujours là, et elle ne pouvait en trouver une meilleure occasion.

Elspeth, dans sa simple politique, voulant gagner le cœur de sa future belle-fille, lui prodigua les complimens sur ses charmes et ur sa parure, depuis le *snood*, comme on dit, jusqu'à la semelle (1). Mysie les écouta avec plaisir pendant cinq minutes, après quoi elle se trouva plus disposée à en rire qu'à en tirer vanité ; car la nature, en la douant de gaieté, y avait joint une certaine dose de malice. Happer lui-même s'ennuya d'entendre si long-temps les éloges de sa fille, et finit par en interrompre le cours.

— Oui, oui, dit-il, elle n'est pas mal ; et bientôt elle sera en état de charger un sac de farine sur un cheval (2). Mais où sont donc vos deux fils, dame Elspeth ? On dit qu'Halbert est devenu un peu coureur : quelque clair-de-lune on en entendra parler dans les Westmoreland.

— A Dieu ne plaise ! voisin ; à Dieu ne plaise ! s'écria Elspeth avec vivacité ; car c'était la toucher dans sa partie la plus sensible que de donner à entendre qu'Halbert pourrait devenir un de ces maraudeurs dont le nombre était si grand sur les frontières. Mais craignant d'avoir laissé apercevoir les craintes qu'elle avait elle-même à ce sujet, elle se hâta d'ajouter que, quoique depuis la déroute de Pinkie, elle ne pût s'empêcher de trembler quand elle voyait un arc ou une lance, ou

(1) Depuis le ruban des cheveux jusqu'aux pieds. — ÉD.

(2) *Aver*, mot écossais signifiant une bête de somme. — ÉD.

qu'elle en entendait seulement parler, ses enfans, grace à Dieu, vivaient en tenanciers fidèles et paisibles de l'abbaye, comme aurait fait leur père sans cette guerre terrible qui avait causé la mort de tant de braves gens.

— Je le sais de reste, répliqua le meunier, puisque j'y étais moi-même; et si je n'avais eu à mon service deux bonnes paires de jambes, celles de mon cheval, j'y serais resté comme bien d'autres. Mais quand je vis que nos rangs étaient rompus, et que nos gens étaient comme le grain sous la meule, je fis volte-face, et je me tirai de presse.

— Vous avez toujours été sage et prudent, voisin; et si mon pauvre Simon vous eût ressemblé, il serait encore avec nous à parler de cette journée. Mais il faisait toujours sonner bien haut la noblesse de son lignage, et rien ne pouvait le contenter que d'aller à la guerre avec des comtes, des barons et des chevaliers qui ne s'inquié-taient pas de leurs femmes, et de qui leurs femmes s'in-quiétaient peu: il n'en était pas de même de nous. Quant à Halbert, je ne crains rien pour lui; et si le malheur voulait qu'il se trouvât dans le même cas, il a les meilleures jambes qui soient à vingt milles à la ronde; il suivrait votre jument à la course.

— Est-ce lui qui arrive? demanda le meunier en voyant entrer un jeune homme.

— Non, voisin, c'est mon second fils, c'est Édouard qui est en état de lire et d'écrire aussi bien que l'abbé de Sainte-Marie lui-même, si ce n'est pas lui manquer de respect que de parler ainsi.

— Oui, oui, c'est le jeune clerc dont le sous-prieur parle tant: il dit qu'il ira loin. Qui sait si nous ne le verrons pas un jour sous-prieur à son tour ? J'ai été garçon meunier avant d'avoir un moulin.

— Mais avant de devenir sous-prieur, dit Édouard, il faut être prêtre ; et je ne me sens pas la moindre vocation pour cet état.

— Non, non, voisin, dit Elspeth, il s'en tiendra à la charrue, et j'espère qu'Halbert en fera autant. Mais je voudrais que vous le vissiez. Où est donc votre frère, Édouard ?

— Je présume qu'il suit la chasse, car j'ai vu et entendu aboyer les chiens du laird de Hunter's Hope dans la vallée ce matin.

— Si je les avais vus, dit le meunier, cela m'aurait peut-être fait faire quelques milles de plus ; car j'aime la chasse à la passion. Combien de fois ai-je suivi les chiens du laird de Cessford, quand j'étais le garçon du meunier de Morebattle ! rien ne m'arrêtait, ni haies, ni fossés ; pas un piqueur ne pouvait me devancer à la course. Le vieux laird me remarqua : Meunier, me dit-il un jour, si tu veux tourner le dos à ton moulin et entrer à mon service, je ferai quelque chose de toi. Mais je m'en tins à la meule, et j'eus raison ; car, quelque temps après, le baron Percy fit pendre cinq hommes d'armes du laird de Cessford, pour avoir brûlé par son ordre quelques maisons du côté de Fowberry ; et qui sait si je n'aurais pas été du nombre ?

— Je vous dis que vous avez toujours été sage et prudent, voisin ; mais puisque vous aimez la chasse, Halbert ne peut manquer de vous plaire, car il en connaît tous les termes aussi bien que le garde des bois de l'abbaye.

— Et connaît-il l'heure du dîner, dame Elspeth ?

Car à Kennaqhair nous appelons midi l'heure du dîner.

Elspeth fut obligée de convenir qu'il l'oubliait quelquefois; et le meunier branla la tête en faisant quelque allusion au proverbe des oies de Mac-Farlane, qui aimaient le jeu plus que le repas (1).

De peur que le retard du dîner n'augmentât la disposition que montrait le meunier à juger Halbert peu favorablement, Elspeth appela Marie Avenel pour la charger de faire à ses hôtes les honneurs de la maison; et, lui laissant le soin d'entretenir ses hôtes, elle courut à la cuisine, où, se mêlant des fonctions de la femme de Martin, elle s'occupa d'accélérer les préparatifs du dîner, retirant une casserole du feu, y plaçant un gril, nettoyant les plats, et donnant en même temps des ordres si multipliés, que Tibbie Tacket, perdant patience, dit à demi-voix: — Eh, mon Dieu! voilà autant de bruit pour un vieux meunier que s'il s'agissait de recevoir un descendant de Bruce! Mais comme elle était censée faire un *à parte*, mistress Glendinning ne jugea pas à propos de l'entendre.

---

(1) Couvée d'oies sauvages qui fréquentaient l'île d'Inch-Tavoe dans le Loch-Lomond, et qu'on supposait avoir quelque liaison mystérieuse avec l'ancienne famille des Mac-Farlane de Mac-Farlane; si bien qu'on n'en a plus revu depuis l'extinction de cette maison. Pourquoi aimaient-elles mieux le jeu que le repas? c'est ce que je n'ai jamais pu savoir; mais tel est le proverbe généralement en usage. Les Mac-Farlane avaient un jardin et une maison dans cette même île d'Inch-Teavo. — (*Note de l'auteur.*)

CHAPITRE XIV.

_____

« Un succulent rostbeef sera pour le curé ;
» Pour le gros alderman un dumpling (1) bien beurré ;
» Un dindon sera mis devant le petit-maître ;
» Et pour le capitaine on trouvera peut-être
» Quelque coq, vieux héros mort sur le champ d'honneur.
» Que ma table aujourd'hui, servie avec splendeur,
» Offre à tous mes amis un mets qui leur convionne. »

Comédie nouvelle.

— Qui est cette jolie fille ? demanda le meunier en voyant entrer Marie Avenel, qui venait remplacer dame Elspeth Glendinning.

— La jeune lady Avenel, mon père, dit la fille du moulin en faisant une de ses plus belles révérences ; et

(1) Entremets anglais ; espèce de pâte sans saveur, cuite dans l'eau, sur laquelle on jette ensuite une espèce de sauce blanche sucrée. Quelquefois on met des pommes au centre. — Éɒ.

son père, ôtant son bonnet, la salua moins respectueu-
sement que si elle se fût présentée à lui avec toutes les
richesses qui avaient appartenu à ses ancêtres, mais
assez cependant pour rendre à la naissance cet hom-
mage que les Écossais ne lui refusaient jamais alors.

Grace à l'exemple de sa mère, et tenant de la nature
un sentiment exquis des convenances, Marie Avenel
avait un air de dignité qui ne permettait point à ceux
qui, d'après l'état de sa fortune, auraient pu se regarder comme ses égaux, de croire qu'elle était descendue
à leur niveau, et de la traiter avec familiarité. Elle avait
un caractère doux et réfléchi, pardonnait aisément une
offense; mais, timide et réservée, elle aimait la solitude, et évitait de se livrer aux divertissemens de son
âge. Quand une foire ou quelque fête lui offrait l'occasion de les partager avec de jeunes compagnes, si elle
y paraissait un instant, elle regardait ces scènes de
plaisir avec un air d'indifférence qui prouvait que son
cœur n'y prenait aucun intérêt et qu'elle n'avait d'autre
désir que de s'y dérober le plus tôt possible.

La circonstance qu'elle était née la veille de la Tous-
saint avait transpiré; et c'était une croyance générale
en Écosse que ceux qui naissaient à pareil jour jouis-
saient d'une sorte de pouvoir sur le monde invisible.
Aussi les jeunes gens des deux sexes, dans tous les environs, ne lui donnaient entre eux d'autre nom que
celui de l'esprit d'Avenel; comme si sa taille fine et légère, ses joues un peu pâles, ses yeux bleus et sa longue
chevelure, n'eussent pu appartenir qu'au monde imma-
tériel. La tradition universellement répandue d'une
Dame Blanche, protectrice de la famille Avenel, donnait encore quelque chose de plus piquant à ce trait

d'esprit de village. Les deux jeunes Glendinning s'en offensaient pourtant ; et quand on nommait ainsi en leur présence leur jeune amie, Édouard employait le raisonnement pour démontrer le ridicule de cette dénomination, et Halbert avait recours à la force de son bras pour imposer silence aux insolens. Mais celui-ci, en pareil cas, avait un grand avantage sur son frère, car il ne pouvait être d'aucun secours à Édouard dans ses discussions, au lieu que le dernier, quoique bien éloigné d'entamer jamais une querelle, était toujours disposé à prendre le parti d'Halbert, et à venir à son aide, quand celui-ci livrait le combat.

Mais la situation écartée de la tour de Glendearg faisait que les deux frères étaient presque étrangers même dans les villages les plus voisins. Leur attachement et leur zèle pour Marie ne changèrent donc rien aux dispositions des habitans, qui la regardaient comme en quelque sorte tombée du ciel au milieu d'eux. On lui témoignait pourtant sinon de l'affection, au moins du respect ; et les soins que le sous-prieur avait pris de son éducation, joints au nom de Julien Avenel, qui, dans ces temps de trouble, devenait tous les jours plus redoutable, contribuaient à donner une certaine importance à sa nièce. Quelques personnes recherchaient sa connaissance par vanité, et les plus timides avaient grand soin d'inculquer à leurs enfans la nécessité de montrer du respect pour la noble orpheline. Ainsi donc Marie Avenel, peu aimée parce qu'elle était peu connue, était l'objet d'une vénération mystérieuse qu'elle devait à la fois à la crainte qu'inspiraient les maraudeurs de son oncle, à l'amitié du sous-prieur, et aux idées superstitieuses générales alors en Écosse.

Telle fut à peu près la sensation qu'éprouva Mysie quand elle se trouva seule avec une jeune personne d'un rang si supérieur au sien, et dont la tournure n'était pas moins différente de la sienne ; car son père avait saisi la première occasion qu'il avait pu trouver pour aller faire une promenade du côté de la grange, sans avoir l'air d'y songer, afin de voir ce qu'elle contenait, et de calculer à peu près ce que la récolte promettait à son moulin. Mais il existe dans la jeunesse une sorte de franc-maçonnerie qui apprend aux jeunes gens à s'apprécier mutuellement, sans qu'ils aient besoin de bien longs entretiens, et qui leur fait faire connaissance et les met à l'aise les uns avec les autres en très-peu de temps. Ce n'est que lorsque nous avons puisé la dissimulation dans le commerce du monde, que nous apprenons à cacher notre caractère, à le dérober aux observations, et à déguiser nos véritables sentimens à ceux avec qui nous sommes en relation.

En conséquence nos deux jeunes filles trouvèrent bientôt à s'occuper d'objets convenables à leur âge. Elles allèrent visiter les pigeons de Marie, et passèrent de là à l'examen intéressant de la garde-robe, qui, quoique modeste, contenait encore quelques objets capables d'exciter l'admiration de Mysie, trop bonne et trop ingénue pour être envieuse. Un rosaire d'or et quelques autres bijoux sauvés du pillage par la présence d'esprit de Tibbie plutôt que par celle de lady Avenel, qui en ce moment fatal était incapable de s'occuper de pareils soins, frappèrent Mysie d'étonnement ; car, excepté les statues des saints et les reliquaires de l'abbaye, elle croyait à peine qu'il existât dans le monde entier autant d'or qu'il en entrait dans les joyaux qu'elle avait sous les yeux; et Marie, quoique exempte de vanité, trouvait quelque plaisir à voir la surprise de sa compagne.

Une sorte de familiarité s'établit bientôt entre elles. Mysie venait de se hasarder à demander à Marie pourquoi elle n'allait point à toutes les fêtes du village, et elle attendait sa réponse quand elle entendit des chevaux s'arrêter à la porte de la tour. Elle courut à la fenêtre avec toute la vitesse que la curiosité peut donner à une jeune fille.

— Sainte Marie! bonne lady, s'écria-t-elle, voici deux cavaliers bien montés qui arrivent. Venez donc les voir.

— A quoi bon? répondit Marie. Vous me direz qui ils sont.

— Comme vous voudrez, répliqua Mysie; mais, si je ne les connais pas, comment vous les nommerai-je? Attendez, j'en connais un; et vous aussi, miss Avenel. C'est un homme d'armes, qui a la main peu délicate, dit-on; mais les braves d'aujourd'hui ne voient pas grand mal à ça. C'est l'écuyer (1) de votre oncle, Christie de Clinthill. Mais il n'a pas son vieux jack vert et ses plaques de fer rouillées. Il a un habit écarlate avec des galons d'argent de trois pouces de largeur, et une cuirasse si brillante qu'on pourrait s'y mirer. Venez, venez donc le voir !

— Si c'est Christie, répondit tranquillement l'orpheline d'Avenel, je le verrai toujours assez tôt pour le plaisir que sa vue me procurera.

— Mais si vous ne voulez pas venir à la fenêtre pour Christie, s'écria la jeune meunière, les yeux rouges de

(1) *Henchman.* Voyez sur ce titre les notes de *Waverley.* — ÉD.

curiosité, venez-y pour me dire le nom de son compagnon, qui est bien le plus beau jeune homme que j'aie jamais vu.

— C'est sans doute mon frère de lait, Halbert, répondit Marie avec un ton d'indifférence. Elle donnait ce nom aux deux fils d'Elspeth, et elle vivait avec eux comme s'ils eussent été véritablement ses frères.

— Non, par la Sainte-Vierge! ce n'est pas lui. Je connais très-bien les deux Glendinning; et je crois même que ce cavalier n'est pas de ce pays. Il porte une toque de velours cramoisi d'où s'échappent de longs cheveux bruns ; un justaucorps et des hauts-de-chausses bleu de ciel, bordés de satin blanc; il n'a d'autres armes qu'une belle rapière à son côté. Si j'étais homme, je ne voudrais jamais porter que la rapière et la dague : ce sont des armes si légères, si élégantes! cela ne vaut-il pas mieux que le grand sabre de mon père, qui pèse au moins vingt livres, avec sa poignée rouillée? N'aimez-vous pas la rapière et le poignard, milady?

— S'il faut répondre à une pareille question, dit Marie, je vous dirai que la meilleure arme est celle qu'on tire pour la meilleure cause, et dont on se sert le mieux quand elle est hors du fourreau.

— Mais ne pouvez-vous pas deviner qui est cet étranger?

— Son compagnon ne m'inspire guère l'envie de le connaître.

— Il descend de cheval, en vérité! Pour le coup, je suis aussi contente que si mon père m'avait donné les boucles d'oreilles d'argent qu'il m'a promises si souvent. A présent vous auriez tout aussi bien fait de venir à la fenêtre, car tôt ou tard il faudra bien que vous le voyiez.

Je ne sais si Marie ne se serait pas rendue plus tôt au poste d'observation, si la curiosité trop ardente de sa jeune compagne n'avait servi à réprimer la sienne : mais enfin ce sentiment l'emporta; et, après avoir montré l'air d'indifférence qu'elle jugea convenable à sa dignité, elle crut pouvoir s'y livrer à son tour.

Elle alla donc à la fenêtre, et vit que Christie de Clinthill était accompagné d'un cavalier mis avec une élégance recherchée, et qui, d'après ses manières, la richesse de sa mise et la beauté des harnois de son cheval, devait être, comme elle en demeura d'accord avec sa nouvelle amie, un personnage de distinction.

Christie semblait sentir aussi qu'il pouvait se permettre un degré d'insolence de plus que de coutume.— Holà! criait-il : holà! la maison! Personne ne répondra-t-il quand j'appelle? Hé! Martin! Tibbie! dame Elspeth! faut-il nous faire attendre ainsi quand nos chevaux sont en sueur et hors d'haleine?

Enfin Martin parut. — Ah! te voilà donc, mon vieux! dit Christie : allons, prends-moi ces chevaux, conduis-les à l'écurie, donne-leur de l'avoine et de la litière fraîche; aie bien soin de les étriller jusqu'à ce qu'ils n'aient plus un poil qui rebrousse.

Martin emmena les chevaux à l'écurie, suivant l'ordre qui lui en était donné; mais, dès qu'il put se livrer sans danger à son indignation, il ne chercha plus à la contenir. — Ne croirait-on pas, dit-il à Jasper, vieux valet de charrue qui, étant venu pour l'aider, avait entendu les injonctions impérieuses de Christie; ne croirait-on pas que ce bandit, ce Christie de Clinthill est un laird ou un lord pour le moins; et cependant je me souviens de l'avoir vu élever par charité au château d'Avenel,

où il tournait la broche dans la cuisine. Maintenant le
voilà un personnage jurant à tort et à travers, envoyant
le monde au diable : comme si les grands ne pouvaient
garder leurs vices pour eux, sans se faire accompagner
dans l'enfer par de tels drôles ! J'ai envie d'aller lui dire
de prendre soin lui-même de son cheval, car il en est
aussi en état que moi.

— Allons, allons, répondit Jasper, parlez plus bas ;
il vaut mieux céder à un fou que de se battre avec lui.

Martin reconnut la vérité de ce proverbe ; et, char-
geant Jasper du cheval de Christie, il se mit à étriller
celui de l'étranger, en disant que c'était un plaisir que
de soigner une si belle bête ; et ce ne fut qu'après avoir
exécuté à la lettre tous les ordres de Christie qu'il alla
se laver les mains pour se rendre dans la salle à manger, non pour y servir à table, comme un lecteur moderne pourrait le croire, mais pour y dîner avec ses
maîtres.

Cependant Christie avait présenté son compagnon à
dame Glendinning sous le nom de Piercy Shafton, son
ami et celui de son maître, qui venait passer trois ou
quatre jours incognito à la tour. La bonne dame ne
concevait pas ce qui lui donnait droit à tant d'honneur,
et elle aurait volontiers allégué qu'elle n'avait rien de
ce qui était nécessaire pour recevoir un personnage de
si haute distinction. L'étranger, de son côté, après avoir
jeté les yeux sur des murailles nues, sur une immense
cheminée noircie par la fumée, et sur le peu de meubles
antiques qui garnissaient l'appartement ; voyant d'ailleurs l'espèce d'embarras que sa présence causait à la
maîtresse de la maison, témoigna beaucoup de répugnance pour rester dans un endroit où il voyait qu'il

ne pouvait séjourner sans gêner son hôtesse, et sans se mettre lui-même en pénitence.

Mais tous deux avaient affaire à un homme inexorable, qui, à toutes les objections, se contenta de répondre que tel était le bon plaisir de son maître. — Et quoique la volonté du baron d'Avenel, ajouta-t-il, doive être une loi à vingt milles à la ronde de ses domaines, voici une lettre de votre baron en robe, de votre seigneur l'abbé, qui vous enjoint de recevoir de votre mieux ce brave chevalier, et de faire en sorte qu'il soit chez vous aussi incognito qu'il pourra le désirer. — Quant à vous, sir Piercy Shafton, songez si le secret et la sécurité ne sont pas préférables pour vous en ce moment au lit le plus doux et à la meilleure chère. Au surplus, ne vous hâtez pas de juger sur les apparences, et vous verrez bientôt, par le dîner qui va être servi, qu'on ne surprend jamais les vassaux du clergé le panier vide.

Tandis qu'il cherchait ainsi à décider sir Piercy à se soumettre à sa destinée, Elspeth se faisait lire par Édouard la lettre de l'abbé; et voyant que Christie lui avait dit la vérité, elle en conclut qu'elle ne pouvait se dispenser d'accueillir l'étranger. Celui-ci, de son côté, se détermina à faire de nécessité vertu, et accepta de bonne grace l'hospitalité que la dame Glendinning lui offrit d'un air assez froid.

Dans le fait, le dîner, que les circonstances avaient retardé assez long-temps, et qu'on venait de placer sur la table, était de ce genre substantiel qui annonçait l'aisance de celle qui le donnait. Dame Glendinning y avait mis la main, Tibbie avait parfaitement exécuté tous ses ordres; et le plaisir qu'elle eut en voyant tous ces plats appétissans bien rangés sur la table, lui fit oublier à la fois et ses projets de mariage et l'humeur que l'arrivée d'un étranger lui avait causée. Elle ne songea plus qu'à presser ses convives de boire et de manger, épiant chaque assiette qui commençait à se vider, et se hâtant de la remplir avant qu'on pût lui dire qu'on ne voulait plus rien.

Cependant les convives s'examinaient les uns les autres, et semblaient occupés à juger réciproquement leur caractère. Sir Piercy Shafton ne daigna parler à personne, si ce n'est à Marie Avenel; et il lui accorda cette espèce d'attention familière dont un merveilleux de nos jours veut bien honorer une jeune provinciale, quand il ne se trouve dans la compagnie aucune femme plus jolie ou plus à la mode. Il y avait pourtant quelque différence; car ce n'était pas encore l'usage de faire l'exercice du cure-dent, de bâiller, de bredouiller comme ce mendiant qui disait avoir eu la langue coupée par les Turcs, ou d'affecter d'être sourd ou aveugle. Mais si la broderie de sa conversation était différente, le fond en était le même, et les complimens recherchés dont le galant du seizième siècle assaisonnait sa conversation devaient leur naissance à l'égoïsme et à l'amour-propre, comme le jargon ridicule du petit-maître du dix-neuvième.

Le chevalier anglais se trouva pourtant un peu déconcerté en voyant que Marie Avenel l'écoutait d'un air d'indifférence, et répondait avec brièveté à toutes les belles choses qui auraient dû, suivant lui, l'éblouir par leur éclat, ou l'embarrasser par leur obscurité. Mais si elles ne firent pas sur celle à qui il les adressait l'effet qu'il en attendait, elles en produisirent un d'autant

plus merveilleux sur la fille du meunier, qu'elle ne com
prenait pas un mot de tout ce qu'il disait. A la vérité
son langage était si relevé, que des personnes douées
d'une intelligence plus subtile que Mysie auraient pu
n'y rien concevoir.

C'était à cette époque que le poète par excellence de
son temps, le spirituel, le comique, le facétieusement
ingénieux et l'ingénieusement facétieux John Lilly,
celui qu'Apollon admettait à son banquet, celui à qui
Phœbus donna sa couronne de laurier sans en retrancher une seule feuille (1), celui en un mot qui écrivait
l'ouvrage aussi singulier que ridicule intitulé : *Euphues
et son Angleterre*, — était dans le zénith de son absur-
dité et de sa réputation. Le style guindé et forcé dont
il fit usage dans son *Anatomie de l'esprit*, eut une vogue
aussi rapide qu'elle fut courte. Toutes les dames de la
cour voulurent se l'approprier; et *parler Euphuisme* était
aussi nécessaire à un courtisan que de connaître le maniement de l'épée ou le pas d'une danse.

Il n'était pas étonnant que la jolie meunière fût aussi
aveuglée par ce style érudit et recherché qu'elle l'avait
jamais été par la poussière des sacs de son père. Ouvrant
la bouche et les yeux aussi grands que la porte et les
deux fenêtres du moulin de son père, montrant des
dents blanches comme la fleur de farine, elle tâchait de

(1) Tel, et plus extravagant encore, est l'éloge que fait de cet
auteur son éditeur Blount. Malgré cette exagération, Lilly avait
vraiment de l'esprit et de l'imagination ; mais il gâtait ces deux
qualités par la plus ridicule affectation qu'on puisse trouver dans
aucun ouvrage *. (*Note de l'auteur.*)

* A l'appui de cette note on trouvera dans la *Vie de Dryden*, par Walter
Scott, des détails littéraires sur *l'Euphuisme* de John Lilly. — Éd.

retenir quelques mots pour son usage, parmi les perles de rhétorique que sir Piercy répandait avec profusion.

Édouard était honteux de la réserve et de la timidité avec laquelle il s'exprimait, quand il entendait le jeune et beau courtisan débiter avec une aisance et une volubilité dont il n'avait aucune idée tous les lieux communs de la galanterie. Il est vrai que le bon sens naturel du jeune Glendinning lui apprit bientôt que tout ce que disait le galant chevalier ne signifiait absolument rien. Mais, hélas! où est l'homme modeste et d'un talent réel, qui n'ait pas souffert de se voir éclipser dans la conversation, et devancer dans la carrière de la vie, par des hommes à dehors brillans et avec plus de hardiesse que de mérite? Il faudrait une raison bien ferme pour céder sans quelque envie le prix à des compétiteurs qu'on en sait moins dignes que soi.

Édouard Glendinning n'avait pas cette philosophie. Tout en méprisant le jargon de l'élégant chevalier, il enviait la facilité avec laquelle il le débitait, son ton d'aisance, la grace avec laquelle il s'acquittait de tous ces petits actes de politesse dont le voisinage à table fournit tant d'occasions. Et, s'il faut dire la vérité, il enviait d'autant plus ces qualités, qu'il ne les lui voyait déployer que pour Marie Avenel. Quoiqu'elle ne reçût ces civilités qu'autant qu'elle ne pouvait s'y refuser, c'en était assez du moins pour lui prouver le désir qu'avait l'étranger de gagner ses bonnes graces, et l'opinion où il était qu'elle seule de toute la compagnie était digne de ses attentions. Son titre, son rang, sa jolie figure, quelques étincelles d'esprit et de gaieté qui brillaient au travers du chaos de sottises qu'il débitait, tout cela pouvait le rendre attrayant aux yeux d'une

3

jeune fille *a lad for a lady's viewing*, comme dit la chanson; et le pauvre Édouard, avec ses bonnes qualités
naturelles et ses connaissances acquises, son habit de
laine filée à la maison, sa toque bleue et ses hauts-de-
chausses de peau de daim, paraissait un paysan à côté
du courtisan. Aussi, sentant son infériorité, ne pouvait-
il voir de bon œil celui qui l'éclipsait.

D'un autre côté, Christie de Clinthill, après avoir
pleinement satisfait cet appétit commode, grace auquel
les gens de sa profession pouvaient, comme l'aigle et le
loup, se gorger d'assez de nourriture pour être en état
de jeûner ensuite plusieurs jours, commença à se trouver dans l'ombre plus qu'il ne le désirait. Ce digne
personnage, entre autres bonnes qualités, avait une
excellente opinion de lui-même; et, d'un caractère
hardi et impudent, il n'était pas homme à s'en laisser
imposer par qui que ce fût. Avec cette familiarité insolente que certaines gens prennent pour de la grace et
de l'aisance, il interrompait les plus beaux discours du
chevalier avec aussi peu de scrupule qu'il aurait percé
de sa lance un habit brodé.

Sir Piercy Shafton, homme de rang et de haute naissance, souffrait avec impatience cette familiarité, et il
se dispensait de lui répondre, ou lui répliquait assez
laconiquement pour prouver combien il méprisait un
soldat grossier qui prétendait converser avec lui sur le
pied de l'égalité.

Le meunier gardait le silence : sa conversation ordinaire roulait sur son moulin et sur le profit qu'il reti-
rait de son droit de mouture; et il n'avait nulle envie
de faire parade de sa richesse en présence de Christie,
ou d'interrompre le cavalier anglais. Un échantillon de

la conversation ne saurait être déplacé ici, ne serait-ce que pour faire connaître aux jeunes ladys de nos jours les belles choses qu'elles ont perdues pour être venues au monde depuis que l'*Euphuisme* n'est plus de mode.

— Croyez-moi, belle dame, dit le chevalier à Marie, telle est la dextérité de nos courtisans anglais actuels : ils ont si positivement raffiné le langage simple et rustique de nos pères, que je regarde comme ineffablement et définitivement improbable que ceux qui nous succéderont dans ce jardin d'esprit et de courtoisie puissent s'y permettre avec succès la plus légère déviation. Vénus ne se plaît qu'aux discours de Mercure ; Bucéphale ne se laisse monter que par Alexandre ; et Orphée seul a le droit de toucher à la flûte d'Apollon.

— Vaillant chevalier, dit Marie, pouvant à peine s'empêcher de rire, nous ne pouvons que nous réjouir du hasard qui a honoré cette solitude d'un rayon du soleil de courtoisie, quoiqu'il nous aveugle au lieu de nous éclairer.

— Superlativement bien dit ! belle dame. Ah ! que n'ai-je ici mon *Anatomie de l'esprit*, cette quintessence de l'esprit humain, ce trésor qui donne inévitablement de l'éloquence à l'ignorant, de l'esprit au sot, toutes les richesses de l'élocution à l'intelligence la plus obtuse ; le manuel indispensable de tout ce qu'il y a de bon à savoir : vous verriez qu'en donnant à cet art le nom d'*Euphuisme*, nous en avons fait le panégyrique le plus complétement parfait et le plus parfaitement complet.

— Par sainte Marie ! si vous m'aviez dit que vous aviez laissé un trésor au château de Prudhoe, dit Christie de Clinthill, Long-Dickie et moi nous l'aurions apporté sur nos chevaux ; mais voilà le premier mot que

vous en dites. Je ne vous avais entendu parler que de
vos pinces d'argent pour friser vos moustaches.

Sir Piercy ne répondit à cette sotte interruption que
par un regard de mépris; et se retournant vers Marie :
— C'est ainsi, lui dit-il, que les pourceaux méconnais-
sent la splendeur des perles orientales; c'est ainsi qu'on
offre inutilement tous les attraits d'un festin splendide
à l'animal à longues oreilles, qui leur préfère une vile
tige de chardon. Il est incontestablement aussi inutile
d'étaler tous les trésors de l'art oratoire devant les yeux
des ignorans, et d'offrir les recherches d'un banquet
intellectuel à ceux qui, moralement et physiquement
parlant, ne valent pas mieux que des ânes.

—Sire chevalier, puisque telle est votre qualité, dit
Édouard, nous ne pouvons vous répondre dans le style
dont vous vous servez; mais, pendant que vous hono-
rerez de votre présence la maison de mon père, je vous
prie de nous épargner de semblables comparaisons.

— Paix, bon villageois, reprit le chevalier avec un
geste gracieux; paix, jeune rustique : vous devriez,
ainsi que vous, mon guide, que je puis à peine appeler honnête, imiter la louable taciturnité de ce brave
homme qui est là muet comme une borne, et de cette
gentille campagnarde qui a l'air de vouloir comprendre
ce qui est au-dessus de sa compréhension, comme un
palefroi écoute un luth dont il ignore la gamme.

— Tout cela est sans doute merveilleusement beau,
dit dame Glendinning, qui commençait à s'ennuyer de
garder le silence : qu'en dites-vous, voisin Happer?

— Je pense comme vous, dame Elspeth; mais, pour
dire la vérité, je n'en donnerais pas un boisseau de
son.

— Et vous avez raison, dit Christie de Clinthill. Je me souviens qu'à l'affaire de Morham, près de Berwick, j'enlevai de selle d'un coup de lance un jeune Anglais que je jetai à six pas de son cheval. Comme il avait de l'or sur son pourpoint brodé, je voulus voir s'il n'en aurait pas aussi dans ses poches, ce qui pourtant n'est pas une règle sans exception. Je lui demandai ce qu'il me donnerait pour sa rançon, et il m'assaillit d'une volée de discours semblables à ceux que vous venez d'entendre, me disant que si j'étais un vrai fils de Mars, je devais lui octroyer merci.....

— Et il ne put l'obtenir de toi, dit le chevalier, qui ne daignait parler euphuisme qu'aux dames, j'en ferais le serment.

— J'allais lui couper le fil de ses belles paroles, reprit Christie, quand le vieux Hunsdon et Henry Carey firent cette maudite sortie qui nous força à tourner le visage du côté du nord; de sorte que, donnant un coup d'éperon à Bayard, je fis comme les autres : quand le bras devient inutile, il faut savoir se servir de ses jambes, comme on dit dans le Tynedale.

— Je vous plains de toute mon ame, dit sir Piercy à Marie Avenel, vous qui êtes de noble extraction, de vous trouver en quelque sorte forcée d'habiter la caverne de l'ignorance, comme la pierre précieuse dans la tête d'un crapaud (1), ou une guirlande de roses sur la tête d'un âne. Mais quel est ce jeune homme qui arrive, dont l'habit est plus rustique que la tournure, et

(1) L'opinion populaire était qu'on trouvait dans la tête du crapaud une pierre précieuse qui était une panacée universelle.
                                                              Éd.

3.

qui a l'air plus fier que son habit ne semble le comporter? Il ressemble à...

— Je vous prie, sire chevalier, dit Marie, de réserver vos comparaisons pour des oreilles plus raffinées; et permettez-moi de vous nommer mon frère de lait, Halbert Glendinning.

— Le fils de la bonne dame de la chaumière, sans doute? car il me semble avoir entendu nommer ainsi la maîtresse de cette demeure, que vous enrichissez, madame, de votre présence. Quant à ce jeune homme, il y a dans son habitude corporelle quelque chose qui ferait croire qu'il est d'une naissance plus distinguée. Au surplus, tout charbonnier n'est pas noir.

— Comme tout meunier n'est pas blanc, dit Happer, charmé de trouver l'occasion de placer un mot.

Halbert, qui avait vu avec impatience la manière dont l'étranger l'avait examiné, et à qui ses discours ne plaisaient nullement, lui dit avec quelque vivacité:
— Sire chevalier, nous avons en ce pays un proverbe qui dit: ne méprise pas le buisson qui te sert d'asile. Si les domestiques m'ont bien instruit, vous êtes venu chercher ici un abri contre quelque danger: ne méprisez donc la simplicité ni de cette maison, ni de ceux qui l'habitent. Vous seriez resté long-temps à la cour d'Angleterre avant que nous songeassions à vous y importuner de notre présence. Puisque votre destin vous a amené parmi nous, contentez-vous de l'hospitalité que nous pouvons vous offrir, et ne cherchez pas à nous offenser; car les Écossais ont la patience courte et l'épée longue.

Tous les yeux étaient fixés sur Halbert tandis qu'il parlait ainsi, et chacun trouvait en lui un air d'intelli-

gence et de dignité qu'on ne lui avait jamais remarqué
auparavant. En était-il redevable à l'être mystérieux
qu'il venait de quitter? C'est ce que nous ne prendrons
pas sur nous de décider ; mais, ce qui est certain, c'est
que depuis ce moment le jeune Halbert fut un tout
autre homme, qu'on le vit agir avec cette fermeté, cet
aplomb et cette détermination qui appartiennent à un
âge plus avancé, et se comporter avec une noblesse
digne d'un rang plus élevé.

Le chevalier prit ce reproche en bonne part. — Sur
mon honneur, bon jeune homme, répondit-il, la raison
est de ton côté ; mais le flux de mes paroles n'a pas pris
sa source dans le mépris du toit qui abrite ma tête : ce
que je disais était à ton éloge ; et je voulais faire entendre que si tu as reçu le jour dans un endroit obscur,
tu n'en peux pas moins supporter une lumière plus
vive : comme on voit l'alouette sortir d'un humble sillon
pour s'élever vers le soleil, aussi bien que l'aigle, dont
l'aire est placée sur les rochers les plus élevés.

Ce beau discours fut interrompu par Elspeth, qui,
avec l'empressement d'une bonne mère, remplissait l'assiette de son fils, et lui faisait des reproches sur son
absence. — Prenez garde, lui dit-elle, en courant dans
tous ces endroits écartés, d'y rencontrer un jour quelque être qui ne soit ni de chair ni d'os, et qu'il ne vous
arrive quelque aventure semblable à celle de Mungo
Murray, qui s'endormit un soir dans la prairie de Kirk-
hill, et qui s'éveilla le matin sur les montagnes de
Breadalbane ; craignez, en suivant la chasse avec tant
d'ardeur, de trouver un cerf furieux qui vous donne
quelque coup de son bois, comme cela est arrivé à Dic-
con Thorburn, qui en a été estropié pour la vie ; et

prenez garde aussi qu'en vous promenant avec une large
épée toujours pendue à votre côté, ce qui ne convient
pas à un homme paisible, vous ne vous fassiez une querelle avec quelqu'un qui ait l'épée et la lance; car, dans
ce pays, il ne manque pas de cavaliers qui n'ont ni
crainte de Dieu ni respect pour les hommes.

En prononçant ces derniers mots, ses yeux tombant
par hasard sur Christie de Clinthill, la crainte de l'a-
voir offensé succéda à sa sollicitude, et elle ne songea
plus à faire à son fils des réprimandes maternelles qui,
de même que les réprimandes conjugales, doivent toujours se faire en temps et lieu convenables. Elle vit
dans l'œil vif et perçant de Christie une expression de
malice et d'astuce qui lui fit juger qu'elle avait été trop
loin, et son imagination lui présenta déjà douze de ses
plus belles vaches emmenées à la faveur de la nuit par
une troupe de maraudeurs. Elle songea donc à revenir
sur ses pas.

— Ce n'est pas, dit-elle, que je veuille dire du mal
des cavaliers du Border. Je sais que sur nos frontières
la bride et l'étrier conviennent à un homme, comme
l'éventail à une dame et la plume à un prêtre. Ne vous
l'ai-je pas dit bien souvent, Tibbie?

Tibbie fut moins prompte qu'Elspeth ne l'aurait dé-
siré à attester le respect de sa maîtresse pour les maraudeurs. Elle répondit pourtant enfin : — Sans doute,
sans doute, dame Elspeth, je vous ai entendue dire
quelque chose comme cela.

— Ma mère, dit Halbert d'un ton ferme et imposant,
que craignez-vous? que craignez-vous sous le toit de
mon père? J'espère bien qu'il n'y a personne qui puisse
vous empêcher de dire à vos enfans ce que vous jugez

convenable! Je suis fâché d'être rentré si tard ; mais je ne m'attendais pas à trouver chez vous une aussi bonne compagnie. Si vous vous contentez de cette excuse, elle doit suffire aussi pour vos hôtes.

Cette réponse, qui tenait le milieu entre la soumission qu'il devait à sa mère et la dignité naturelle à un homme qui par droit de naissance était le maître de la maison, fut universellement approuvée. Elspeth elle-même avoua le lendemain à Tibbie qu'elle ne croyait pas à Halbert tant de sang-froid et de fierté. — Jusqu'à présent, dit-elle, au moindre mot de reproche il s'emportait comme un poulain de quatre ans, et hier soir il était aussi grave et aussi tranquille que l'abbé de Sainte-Marie lui-même. Je ne sais ce qui doit lui arriver ; mais il montre déjà une noble fierté.

La compagnie s'étant séparée, chacun employa son temps comme il le jugea convenable. Christie se rendit à l'écurie pour voir si rien ne manquait à son cheval ; Édouard prit son livre, et Halbert, qui avait toujours eu autant d'adresse dans les arts mécaniques qu'il avait montré jusqu'alors peu de facilité pour les sciences intellectuelles, se retira dans son appartement pour y pratiquer une cachette, afin d'y déposer la traduction des saintes Écritures dont il se trouvait en possession d'une manière si merveilleuse. Pour cela il détacha une des planches qui formaient le plancher de sa chambre ; et l'arrangea de manière à pouvoir la lever à volonté, sans que rien de l'extérieur annonçât qu'elle était mobile.

Pendant ce temps sir Piercy Shafton, immobile sur sa chaise dans la salle où l'on avait dîné, les bras croisés sur sa poitrine, les jambes étendues, avait les yeux fixés

sur le plafond comme s'il eût voulu compter tous les
fils des nombreuses toiles d'araignées qui le tapissaient,
avec un air de gravité aussi solennel que si son existence
eût dépendu de l'exactitude de ce calcul.

Il resta plongé dans ses méditations jusqu'au moment où le souper fut servi. Ni Marie ni Mysie n'y pa-
rurent. Sir Piercy regarda deux ou trois fois de tous
côtés comme si quelque chose lui manquait, mais il ne
demanda point pourquoi il ne les voyait pas. Il garda
un profond silence, et répondit par des monosyllabes
chaque fois que quelqu'un lui adressa la parole.

Christie, maître de la conversation, fit le détail de
ses exploits à ceux qui voulaient l'entendre. Ils firent
dresser les cheveux sur la tête d'Elspeth, et amusèrent
beaucoup Tibbie, qui les écouta avec grand intérêt,
comme Desdemona écoutait les récits d'Othello. Pendant ce temps-là, les deux frères étaient absorbés l'un
et l'autre dans leurs réflexions, qui ne purent être interrompues que par le signal que donna Elspeth afin
que chacun fût se coucher.

CHAPITRE XV.

────────

<blockquote>
« Qu'est-ce qu'un tel jargon ? de la fausse monnaie
« Que le sage refuse, et dont le fou se paie. »
</blockquote>

Ancienne comédie.

Le lendemain matin, Christie de Clinthill ne se retrouva nulle part. Comme ce digne personnage opérait rarement ses mouvemens au son de la trompette, personne ne fut surpris qu'il eût fait sa retraite au clair de la lune; on craignit seulement qu'il ne l'eût pas faite les mains vides. De sorte que, pour citer les expressions d'une ballade nationale :

<blockquote>
L'un courut au buffet, un autre à son armoire;
Rien n'avait disparu , ce qu'on eut peine à croire.
</blockquote>

Tout était en ordre : Christie avait placé la clef de l'écurie au-dessus de la porte, et celle de la grille dans la serrure; en un mot, il avait pris les mesures nécessaires pour assurer la tranquillité de la garnison qu'il quittait et se mettre à l'abri de tout reproche.

Ce point important ayant été bien établi par Halbert, qui, au lieu de prendre un arc et un fusil et de courir dans les bois suivant sa coutume, fit une visite générale dans toute la tour avec un soin et une gravité dont on ne l'aurait pas cru capable, il se rendit dans la salle à manger, où l'on déjeunait ordinairement à sept heures du matin.

L'Euphuiste y était déjà, dans la même attitude que la veille, c'est-à-dire les bras croisés, les jambes étendues, et le nez en l'air. Il paraissait plongé dans de si profondes réflexions, qu'il ne répondit rien à Halbert lorsque celui-ci lui souhaita le bonjour. Ennuyé de cette affectation d'importance indolente, et piqué de voir que son hôte y persistait, Halbert résolut de rompre la glace, et d'avoir avec lui une explication sur les causes qui avaient amené à la tour de Glendearg un homme si hautain et si peu communicatif.

— Sire chevalier, lui dit-il avec fermeté en se plaçant devant lui, je vous ai souhaité deux fois le bonjour sans que vous ayez paru vous en apercevoir. Vous êtes bien libre de ne pas répondre à une politesse par une autre; mais comme j'ai à vous parler d'objets qui vous concernent, je vous prie de me faire connaître par quelque signe que vous m'honorez de votre attention, afin que je sois sûr que je ne parle pas à une statue.

A ce discours peu attendu, sir Piercy regarda le jeune Glendinning d'un air de hauteur et de surprise; mais voyant qu'il ne pouvait lui faire baisser les yeux, il jugea à propos de changer de posture, et retirant ses pieds à lui, il lui dit : — Parlez, je vous écoute.

— Sire chevalier, dit Halbert, nous sommes dans l'habitude de ne faire aucune question au voyageur ou au pèlerin qui reçoit l'hospitalité dans cette maison pour vingt-quatre heures, mais quand un homme d'un rang si supérieur au nôtre annonce l'intention d'y faire un plus long séjour, notre usage est de lui demander quels en sont les motifs.

Le chevalier anglais bâilla deux ou trois fois avant de répondre, et lui dit enfin : — En vérité, bon villageois, votre question a en soi quelque chose d'embarrassant, car vous me parlez d'objets sur lesquels je n'ai pas encore décidé ce que je dois faire. Qu'il me suffise de vous dire que vous avez ordre de votre abbé de me traiter de votre mieux, quoique ce mieux ne soit pas précisément ce que lui et moi nous aurions souhaité.

— Je désire avoir une réponse plus précise, sire chevalier, dit le jeune Glendinning.

— Brisons sur ce point, bon jeune homme, lui répondit sir Piercy, car, de même que les cordes d'un luth, quand elles sont touchées par une main inexpérimentée, ne rendent que des sons discordans, ainsi... Mais qui peut parler de sons discordans, ajouta-t-il en voyant entrer Marie Avenel, quand l'ame de l'harmonie même nous arrive sous les traits de la beauté? De même que les renards, les loups et les autres animaux dépourvus de raison fuient la présence du soleil quand il se montre dans les cieux tout resplendissant de gloire, de même la colère et toutes les passions haineuses doivent disparaître devant les rayons brillans qui nous éblouissent en ce moment; car ce que l'œil du jour est au monde physique et matériel, cet œil admirable devant lequel je m'humilie l'est au microcosme intellectuel.

4

Il conclut ce discours en saluant profondément Marie,
qui, regardant d'un air surpris le chevalier et Halbert,
ne put que soupçonner qu'ils n'étaient point parfaitement d'accord. — Pour l'amour du ciel, Halbert, s'é-
cria-t-elle, que signifie tout cela?

L'intelligence nouvellement acquise par son frère de
lait n'était pas encore assez développée pour le mettre
en état de lui expliquer les discours du chevalier, et il
ne savait quelle conduite il devait tenir à l'égard d'un
homme qui, prenant un ton d'importance et de supériorité, s'exprimait toujours de manière à ce qu'on ne
pût savoir s'il parlait sérieusement ou s'il plaisantait.

Tout en formant intérieurement la résolution de
forcer sir Piercy Shafton à une explication dans un
autre moment, il ne voulut pas pousser alors les choses
plus loin, ce qui, d'ailleurs, lui aurait été presque impossible, sa mère étant entrée avec Mysie, et le meunier étant arrivé en même temps d'une course qu'il
avait faite pour visiter les meules d'orge et d'avoine
qu'on avait laissées dans les champs après avoir rempli
la grange.

Dans le cours de ses calculs, l'honnête meunier reconnut que, déduction faite de la dîme due à l'abbaye,
et du droit de mouture à lui payer à lui-même, il reste-
rait encore aux Glendinning une quantité de grains
considérable. Je ne sais si cette idée fit qu'il forma quelque plan semblable au projet qu'Elspeth avait conçu,
mais il est certain qu'il accepta pour sa fille, avec un
air de plaisir, l'invitation qu'elle lui fit de passer une se-
maine ou deux à la tour de Glendearg.

Toute affaire cessa pour le déjeuner, pendant lequel
la gaieté et l'harmonie régnèrent constamment. Sir

Piercy se trouva si flatté de l'attention avec laquelle Mysie écoutait tous ses discours, que, malgré l'intervalle immense qui les séparait, il ne dédaigna pas de lui adresser quelques complimens et quelques *tropes* d'une qualité inférieure.

Marie Avenel, n'étant plus obligée de supporter le poids tout entier de la conversation du chevalier, s'y livra de meilleure grace; et celui-ci, encouragé par les marques d'approbation qu'il recevait d'un sexe pour l'amour duquel il cultivait ses talens oratoires, se montra plus communicatif qu'il ne l'avait été dans sa conversation avec Halbert, et fit entendre qu'un danger pressant l'obligeait à se tenir caché pendant quelque temps.

La fin du déjeuner fut le signal de la séparation de la compagnie. Le meunier et sa fille allèrent prendre les arrangemens nécessaires, l'un pour son départ, l'autre pour le séjour qu'elle devait faire à Glendearg. Martin appela Édouard pour le consulter sur quelque point d'agriculture, ce dont Halbert ne se mêlait jamais. Elspeth se retira pour vaquer aux soins intérieurs de sa maison, et Marie allait la suivre, quand elle réfléchit que, si elle sortait, Halbert et l'étranger se trouveraient tête à tête; et, craignant qu'il n'en résultât quelque querelle entre eux, elle alla s'asseoir sur un petit banc de pierre près d'une croisée, sachant bien que sa présence modérerait l'impétuosité naturelle du jeune Glendinning.

Sir Piercy, dont la galanterie ne pouvait laisser une dame dans le silence et la solitude, alla sur-le-champ s'asseoir près d'elle, et lui adressa la parole en ces termes:

— Croyez-moi, belle dame, quoique privé de tous les plaisirs de mon pays, j'en goûte un bien vif en trouvant dans cette chaumière obscure et champêtre du nord une ame candide et une beauté charmante à qui je puis exprimer mes sentimens ; et permettez-moi de vous demander que, suivant la coutume adoptée à la cour d'Angleterre, ce jardin des esprits supérieurs, nous adoptions quelque nom sous lequel nous nous adressions réciproquement la parole. Par exemple, je vous appellerai ma Protection, et vous me nommerez votre Affabilité (1).

—Cet usage n'est pas encore arrivé jusqu'à nous, sire chevalier, répondit Marie ; et, si jamais on l'y adoptait, ce ne serait pas à l'égard d'étrangers.

---

(1) Dans les anciennes comédies anglaises, on trouve plusieurs exemples de cette coutume bizarre. Dans *Chacun hors de son caractère*, Sogliardo et Shift adoptent les noms de Secours et de Résolution. Dans *les Folies de Cynthie*, un courtisan appelle Philantie son Honneur, et en est appelé son Ambition.

— Vous savez que j'appelle madame Philantie mon *Honneur*, et qu'elle m'appelle son *Ambition;* ainsi quand je la rencontre dans le palais, je lui dis :

— Mon cher Honneur, je me suis jusqu'ici contenté des lis de votre main ; mais actuellement je veux goûter les roses de vos lèvres.

A cela elle répond en rougissant : — Vous êtes en vérité trop ambitieux. — Et moi je réplique :

— Je ne puis être trop ambitieux de l'Honneur, aimable dame.

Je crois qu'on conserve encore quelques restes de cette affectation de style dans certaines loges de franc-maçonnerie. (*Note de l'aut.*)

C'est le cas de citer ici la fameuse phrase de Félicien de Selva :

« La raison de la déraison que vous faites à ma raison affaiblit tellement ma raison, que c'est avec raison que je me plains de votre beauté. » — ÉD.

— En vérité, belle dame, vous êtes comme le coursier indompté, qui s'effraie d'un mouchoir qu'on dé-
ploie devant lui, quoiqu'il doive bientôt braver les
lances au-dessus desquelles il verra flotter des éten-
dards. Ce que je vous propose n'est autre chose que l'é-
change des complimens que se font la Valeur et la
Beauté quand elles se rencontrent. Élisabeth d'Angleterre elle-même appelle Philippe Sydney son Courage,
et Sydney nomme cette princesse son Inspiration. Ainsi
donc, ma belle Protection, car c'est ainsi que je vous
nommerai désormais...

— Quand miss Avenel vous l'aura permis ! s'écria
Halbert; car j'espère que...

— Bon villageois, lui dit le chevalier d'un air froid
et hautain, un autre de nos usages à la cour d'Angleterre, c'est de ne guère converser qu'avec ceux à qui
nous pouvons parler sur le pied de l'égalité; or je dois
vous rappeler que, si la nécessité me force d'habiter
momentanément votre chaumière, elle ne nous place
pas pour cela sur le même niveau.

— Par sainte Marie ! s'écria Halbert, je pense tout le
contraire. Celui qui cherche un asile a de l'obligation à
celui qui le lui accorde, et, tant que ce toit vous servira d'abri, je crois pouvoir me regarder comme votre
égal.

— C'est une étrange erreur, bon villageois, et, pour
vous détromper, je vais vous apprendre quelle est notre
situation respective. Je me regarde ici, non comme
votre hôte, mais comme celui de votre maître, l'abbé
de Sainte-Marie, qui, pour des raisons que je connais
ainsi que lui, m'accorde l'hospitalité dans cette chau-

4.

mière, et m'y fait recevoir par son serviteur et son vassal. Vous n'êtes donc qu'un instrument entre ses mains, et je ne vous ai pas plus d'obligation qu'à ce banc de pierre, raboteux et mal fait, sur lequel je suis assis, ou à l'assiette de bois sur laquelle je mange un dîner mal assaisonné. Ainsi donc, mon aimable Protection.....

Marie Avenel allait lui répondre, quand, d'un ton courroucé et d'un air menaçant, Halbert s'écria : — Le roi d'Écosse, s'il vivait encore, ne me traiterait pas ainsi impunément! Marie se leva précipitamment; et, courant au jeune Glendinning : — Pour l'amour du ciel, Halbert, lui dit-elle, songez à ce que vous allez faire !

— Ne craignez rien, charmante Protection, dit sir Piercy avec le plus grand sang-froid ; les manières rustiques d'un jeune villageois mal élevé ne me feront pas oublier ce que je dois à votre présence et à ma dignité. L'acier tirera du feu de la glace avant qu'une étincelle de colère m'enflamme le sang, que tempère le respect dû à mon aimable Protection.

— Vous avez raison de l'appeler votre Protection, sire chevalier, dit Halbert : c'est, de par saint André, le seul mot de bon sens que je vous aie entendu prononcer ! Mais nous pouvons nous rencontrer en quelque lieu où cette protection ne vous servira de rien.

— Aimable Protection, continua le courtisan, sans honorer Halbert d'une réponse ni même d'un regard, soyez bien convaincue que les discours grossiers de ce bon villageois ne font pas plus d'impression sur votre fidèle Affabilité, que les aboiemens du chien de basse-cour n'en produisent sur la lune, quand, fier d'être perché sur son fumier, il exhale sa colère impuissante contre ce brillant luminaire.

On ne sait jusqu'où cette comparaison peu flatteuse aurait porté l'indignation d'Halbert, si Édouard ne fût entré en ce moment, apportant la nouvelle que les deux plus importans officiers du couvent, le frère cuisinier et le frère sommelier, venaient d'arriver à la tour avec une mule chargée de provisions, et annonçaient que l'abbé, le sous-prieur et le père sacristain étaient en route pour venir dîner à la tour. Les annales de Sainte-Marie ni celles de Glendearg n'offraient pas d'exemple d'une circonstance si extraordinaire, quoiqu'une vieille tradition prétendît qu'un abbé y avait dîné autrefois, après s'être égaré à la chasse. Mais que l'abbé actuel fît tout exprès un voyage dans cet endroit écarté et d'un accès peu facile, le vrai Kamtschatka de ses domaines; c'était une chose à laquelle on n'aurait jamais pensé, et qui excita la plus grande surprise parmi tous les membres de la famille, à l'exception d'Halbert.

Ce fier jeune homme était trop occupé de l'insulte qu'il avait reçue pour songer à autre chose.

— Je suis charmé que l'abbé vienne ici, dit-il à son frère; il faudra qu'il me dise de quel droit il nous envoie un étranger qui prétend nous dicter des lois comme si nous étions des serfs et des esclaves, et non des hommes libres. Je dirai à cet orgueilleux prêtre, oui, je dirai à sa barbe que...

— Que dites-vous là, mon frère? Songez à ce que de pareils propos peuvent vous coûter!

— Il m'en coûterait bien davantage pour sacrifier mon honneur outragé et mon juste ressentiment à la crainte de tout ce que l'abbé peut faire.

— Et notre mère! notre mère! si elle est privée de tous ses biens, renvoyée de son fief, comment réparerez-vous la ruine dont votre impétuosité aura été cause!

— Cela est trop vrai, de par le ciel! s'écria Halbert en portant la main à son front; et puis, frappant du pied le plancher pour exprimer toute l'énergie de son ressentiment, auquel il n'osait plus se livrer, il fit un tour ou deux dans l'appartement, et sortit.

Marie Avenel jeta un regard timide sur l'étranger, tandis qu'elle cherchait en quels termes elle le supplierait de ne point parler à l'abbé de la violence à laquelle Halbert s'était laissé emporter, ce qui aurait pu être préjudiciable à sa famille. Mais cette éloquence muette suffit au chevalier; il vit son embarras, et se hâta de la tirer d'inquiétude.

— Croyez-moi, ma belle Protection, lui dit-il, votre Affabilité est incapable de voir, d'entendre, et surtout de rapporter rien de ce qui peut se passer pendant son séjour ici. Rien ne saurait me troubler dans l'Élysée embelli par votre présence. L'ouragan d'une vaine colère peut agiter le cœur d'un villageois grossier, mais celui d'un courtisan est assez fort pour résister. De même que la surface gelée d'un lac n'est pas soumise à l'influence des vents, ainsi...

Ici la voix de mistress Glendinning se fit entendre. Elle appelait Marie, qui se hâta d'aller la joindre, charmée d'échapper aux complimens et aux comparaisons du galant courtisan.

Il paraît que son absence n'excita pas de grands regrets dans le cœur du chevalier, car à peine était-elle partie, que, ses traits prenant une expression de lassi-

tude et d'ennui, il s'écria, après avoir bâillé deux ou
trois fois : — Ce n'était pas assez d'être claquemuré
dans une hutte dont on ne voudrait pas pour un chenil
en Angleterre ; d'être exposé à la brutalité d'un jeune
paysan ; de dépendre de la bonne foi d'un maraudeur,
d'un coquin mercenaire ; il faut encore que je fasse de
beaux discours à une pâle poupée parce qu'elle a du
sang noble dans les veines ! sur mon honneur, et pré-
jugé à part, la petite meunière est cent fois plus jolie !
Mais patience, Piercy Shafton, il ne faut pas perdre la
réputation de courtisan spirituel et accompli. Remercie
plutôt le ciel d'avoir fait trouver ici une femme à qui
tu peux, sans déroger, adresser tes complimens, cela
t'empêchera de perdre l'habitude d'en faire ; car, de
même qu'une lame de Bilbao, qui plus elle est frottée
plus elle devient brillante..... Mais à quoi pensé-je, d'é-
puiser ma provision de similitudes pour causer avec
moi-même ? Sur mon honneur, voilà les moines qui
descendent la vallée comme une troupe de corbeaux !
J'espère qu'ils n'auront pas oublié mes malles. Ce serait une belle aventure si elles étaient devenues la proie
de quelques maraudeurs !

Cette réflexion lui causant beaucoup d'inquiétude, il
descendit précipitamment, fit seller son cheval, et courut à bride abattue au-devant de l'abbé, qu'il rencontra
avec sa suite à environ un mille de distance, s'avançant
avec la lenteur convenable au décorum de sa dignité.
Après lui avoir adressé un de ses complimens les plus
fleuris, son premier soin fut de s'informer de ses bagages ; et il eut la satisfaction de les voir à l'arrière-
garde.

Pendant ce temps, tout était en révolution dans la

tour pour préparer une réception convenable au révérend abbé et à sa suite. Il est vrai que les moines n'a-
vaient pas trop compté sur les provisions que pouvait
fournir la cuisine de dame Elspeth ; mais elle n'en désirait pas moins faire à celles qui avaient été envoyées
du couvent des additions capables de lui valoir les remerciemens de son seigneur féodal et de son père spirituel. Ayant rencontré Halbert encore tout échauffé
de son altercation avec sir Piercy, elle lui donna ordre
de prendre sur-le-champ son arc ou son fusil, d'aller
faire un tour dans le bois, et de ne pas rentrer sans
venaison. — Vous y avez été assez souvent pour votre
plaisir, lui dit-elle, allez-y une fois pour l'honneur de
la maison.

Le meunier, qui partait en ce moment pour retourner chez lui, lui promit de lui envoyer un beau sau-
mon par un domestique à cheval. Elspeth, qui trouvait
qu'elle avait alors assez d'hôtes chez elle, commençait
à se repentir de l'invitation qu'elle avait faite à Mysie,
et se demandait si elle ne pourrait pas trouver quelque
moyen pour la faire monter en croupe derrière son
père, sans les offenser, sauf à ajourner à une autre
occasion ses projets de mariage ; mais cet acte de générosité inattendue de la part du meunier ne lui permit
plus de songer à se débarrasser de sa fille, de sorte que
le père retourna seul à son moulin.

Dame Elspeth en fut bien récompensée. Mysie de-
meurait trop près de l'abbaye pour être novice dans la
noble science de la cuisine ; et la bonne fille, ayant fait
une toilette plus négligée, et mis ses bras, blancs
comme la neige, nus jusqu'aux coudes, partagea avec
Elspeth tous les travaux de la journée, fit preuve d'un

talent sans égal, ainsi que d'une industrie infatigable,
et se distingua principalement dans l'apprêt des mor-
treux (1), du blanc-manger, et autres friandises, auxquelles ni la veuve Glendinning ni sa cuisinière en chef
Tibbie n'auraient pu seulement songer.

Laissant dans la cuisine cet habile substitut, et re-
grettant que Marie Avenel eût été élevée de manière à
ne pouvoir se charger d'autre chose que de joncher des
roseaux sur le plancher de la grande salle, et de l'orner
des fleurs que la saison produisait, Elspeth se hâta
d'aller mettre ses ajustemens de grande fête, et descendit à la porte, le cœur palpitant, pour y attendre l'arrivée de Sa Révérence. Édouard était près de sa mère ;
il éprouvait les mêmes émotions, et sa philosophie
cherchait en vain à se les expliquer. Il ne savait pas encore combien la raison apprend difficilement à triom-
pher de la force des circonstances extérieures, et combien nos sensations sont aiguisées par la nouveauté et
émoussées par l'habitude.

En cette occasion, il voyait avec une surprise mêlée
de respect environ dix cavaliers, sur des coursiers do-
ciles, et revêtus de longues robes, dont leurs scapu-
laires blancs faisaient ressortir la couleur noire, s'avancer à pas lents, comme s'ils avaient suivi un convoi
funéraire. Sir Piercy Shafton faisait seul diversion à
l'uniformité de cette marche. Jaloux de montrer ses talens en équitation, il allait, venait, et faisait caracoler
son coursier fringant, au grand regret de l'abbé, dont
le cheval, un peu plus vif que ceux des autres moines,

(1) Les recherches gastronomiques de l'éditeur ont été insuffi-
santes pour découvrir quel était ce plat d'origine française. — ÉD.

montrait de temps en temps des velléités d'imiter son
confrère, tandis que le dignitaire de l'Église, n'étant
pas peu alarmé, s'écriait : — Tout beau, Benoît (1)!
Sir Piercy, je vous en prie! Là! là! et débitait tout le
chapelet de prières et d'exclamations par lesquelles un
cavalier timide demande grace à un compagnon plus
habile, et cherche à calmer son coursier fougueux. Enfin il prononça de bien bon cœur un *Deo gratias* quand
il s'arrêta devant la tour de Glendearg.

Tous les habitans s'agenouillèrent pour recevoir sa
bénédiction et baiser sa main, cérémonie dont les
moines même n'étaient pas exempts en certaines occasions ; mais le bon abbé Boniface avait éprouvé trop de
fatigue depuis qu'il était accompagné de sir Piercy
pour mettre à ce cérémonial toute la solennité ordinaire, et pour l'accomplir avec beaucoup de patience.
S'essuyant le front d'une main avec un mouchoir blanc
comme la neige, il abandonna l'autre à ses vassaux, et
se hâta d'entrer dans la maison, non sans murmurer
un peu contre l'escalier tournant, aussi étroit que sombre, qui le conduisit dans la grande salle, où avait été
préparé, je ne dirai pas un excellent fauteuil, mais le
meilleur qui se trouvât dans la maison.

---

(1) Ce nom du fondateur de l'ordre des bénédictins donné au
cheval de l'abbé ne nous paraît pas dans les convenances. C'est
là sans doute une des interpolations que l'éditeur protestant a
faites au manuscrit que lui a confié le capitaine Clutterbuck.

ÉD.

CHAPITRE XVI.

―――――

« La musique, le vin, la table, la parure,
» De ce fat sans égal font la félicité.
» C'est pour lui le chemin de l'immortalité.
» La cour et ses splendeurs le charmeront sans cesse.
» C'est là son élément; dans une douce ivresse
» Il y passe ses jours. »

La Dame magnétique.

LORSQUE l'abbé se fut éclipsé si soudainement aux yeux des vassaux qui l'attendaient, le sous-prieur les dédommagea de la négligence de son supérieur par la manière affectueuse dont il parla à chacun d'eux, et notamment à dame Elspeth, à la jeune Marie et à Édouard. — Et où est donc ce fier Nembrod, Halbert? leur demanda-t-il : j'espère qu'il n'a pas encore, comme ce fameux monarque, appris à tourner contre l'homme ses armes de chasse?

— Non, grace à Dieu, Votre Révérence, répondit

Elspeth : Halbert est allé faire un tour dans le bois pour tâcher d'en rapporter de la venaison, sans quoi il n'aurait pas manqué d'être ici dans un jour si honorable pour moi et pour les miens.

— De la venaison, murmura le sous-prieur à demi-voix : c'est un bon moyen de faire sa cour à notre abbé. Adieu, ma bonne dame, dit-il tout haut à Elspeth, il faut que je rejoigne notre révérend.

— Encore un mot, s'il vous plaît, dit la veuve en le retenant par sa robe. Aurez-vous la bonté de chercher à nous excuser si tout n'est pas bien en ordre, et s'il manque quelque chose ! Toute notre argenterie a été pillée après la bataille de Pinkie, où j'ai perdu mon pauvre Simon, ce qui est bien le pire de tout.

— Ne vous inquiétez pas, ne craignez rien, dit le sous-prieur en retirant doucement sa robe des mains d'Elspeth : le frère sommelier a apporté l'argenterie de l'abbé, et croyez que, s'il manque quelque chose à votre repas, on le trouvera bien amplement compensé par votre bonne volonté.

A ces mots il s'échappa, et monta dans la grande salle, où il trouva sir Piercy et quelques moines assis près de l'abbé, pour le fauteuil duquel on avait composé un coussin avec tous les plaids de la maison, ce qui ne le rendait pas encore assez doux à son gré.

— Ce siège, disait-il, est aussi dur que les bancs de nos novices ! Sire chevalier, comment avez-vous passé la nuit dans ce cachot ? Si votre lit n'était pas plus doux que ce fauteuil, vous auriez aussi bien dormi sur la couche de pierre de saint Pacôme. Quand on a fait dix bons milles à cheval, on a besoin d'un siège un peu moins dur que celui qui m'est échu en partage.

Le frère sommelier arriva en ce moment d'un air de triomphe, apportant deux oreillers, dont l'un servit de coussin, et l'autre de dossier au fauteuil, après quoi le digne abbé se trouva un peu plus à l'aise.

— Il faut que vous sachiez, continua-t-il, que nous avons nos travaux et nos fatigues aussi bien que vous ; et je puis dire de moi et des soldats de Sainte-Marie, dont je me regarde comme le capitaine, que nous ne sommes pas habitués à craindre la chaleur du jour ou la fraîcheur de la nuit quand il s'agit de notre devoir : non, de par sainte Marie! Dès que j'appris que vous étiez ici, et que certaines raisons vous empêchaient de venir au monastère, où nous aurions pu vous recevoir plus convenablement, frappant la table avec mon marteau, j'appelai un frère : — Timothée, lui dis-je, que demain matin, après tierces, on selle Benoît, et qu'on avertisse le sous-prieur et une demi-douzaine de nos frères d'être prêts à m'accompagner à Glendearg. Timothée n'en pouvait croire ses oreilles; mais je lui répétai mes ordres, et je lui dis : — Qu'on fasse partir d'avance le frère cuisinier et le frère sommelier avec quelques provisions, afin d'aider nos pauvres vassaux à préparer une collation convenable. Vous voyez donc bien, sir Piercy, que nous ne sommes pas plus exempts que d'autres d'embarras et d'inconvéniens; et d'après cela vous nous pardonnerez ceux que vous pouvez éprouver.

— Par ma foi, dit sir Piercy, il n'y a rien à pardonner. Si vous autres, guerriers spirituels, vous avez à supporter tant de fatigues, il siérait mal à moi, pécheur séculier, de me plaindre d'avoir trouvé ici un lit aussi dur qu'une planche, du bouillon qui sentait le brûlé, de la viande qui, par sa couleur noire, me fit penser à la tête de Maure grillée que mangea Richard Cœur-de-Lion, et d'autres mets qui sentent la rusticité de ce pays septentrional.

— Je suis vraiment fâché, sire chevalier, dit l'abbé, que mes pauvres vassaux n'aient pu vous faire un meilleur accueil. Mais je vous prie de vouloir bien songer que si les affaires de sir Piercy Shafton lui eussent permis d'honorer de sa présence le monastère de Sainte-Marie, il y aurait été reçu d'une manière plus digne de lui.

— Pour faire connaître à Votre Révérence, dit le chevalier, les motifs qui m'empêchent de profiter de son hospitalité bien connue, il faudrait un peu de temps, et, ajouta-t-il en baissant la voix, un auditoire moins nombreux.

— Frère Hilaire, dit aussitôt l'abbé au frère sommelier, allez à la cuisine, et informez-vous de notre frère le cuisinier à quelle heure notre collation sera prête. Les fatigues et les inconvéniens que ce noble chevalier a éprouvés, pour ne rien dire des nôtres, nous font désirer que la réfection soit servie à l'instant même où elle sera en état de l'être, ni plus tôt ni plus tard.

Le frère Hilaire partit avec promptitude pour exécuter les ordres de son supérieur, et revint presque aussitôt l'assurer que la collation serait prête à une heure précise : — Et ce serait grand dommage, ajouta-t-il, de l'avancer ou de la retarder, ne fût-ce que de dix minutes ; car le frère cuisinier assure que la venaison ne serait pas cuite à point, malgré les soins du petit tourne-broche qu'il vous a recommandé.

— De la venaison ! dit l'abbé ; et d'où donc vient-elle ? je n'en ai pas vu dans la liste de provisions que vous m'avez montrée.

— C'est un des fils de la maîtresse de la maison qui vient de tuer un daim il n'y a pas une heure. Mais, comme la chaleur animale n'avait pas encore abandonné le corps, le frère cuisinier prétend que la viande en sera tendre comme du poulet. Ce jeune homme a un talent particulier pour tuer la bête fauve. Jamais il ne manque la tête ou le cœur, de sorte que le sang ne se répand pas dans la chair, comme cela ne nous arrive que trop souvent. C'était un daim superbe, en pleine graisse ; Votre Révérence aura rarement mangé de meilleure venaison.

— Paix ! frère Hilaire, dit l'abbé en s'essuyant la bouche : il ne convient pas à notre ordre de faire un tel éloge de la nourriture corporelle, surtout quand nous sommes tellement épuisés par le jeûne et la fatigue, que nous sommes plus accessibles aux sensations qu'on éprouve en entendant parler d'un morceau friand. Cependant ayez soin de prendre le nom de ce jeune homme ; il est juste que le mérite soit récompensé, et nous en ferons un *frater ad succurrendum* dans notre cuisine.

— Hélas ! très-révérend père, j'ai pris des informations sur lui, et j'ai appris que c'est un de ces jeunes gens qui préfèrent le casque au capuchon, et l'épée séculière aux armes spirituelles.

— Eh bien, au lieu d'en faire un frère lai, nous en ferons un homme d'armes, et nous le nommerons sous-garde de nos bois. Talbot, notre garde, devient vieux, la vue commence à lui manquer ; il a gâté plusieurs fois

5.

de superbes daims en les blessant maladroitement à la
hanche. C'est pourquoi, frère Hilaire, il faut, de manière ou d'autre, assurer au couvent les services de ce
jeune homme. Et maintenant, sire chevalier, puisqu'il
faut que nous attendions encore près d'une heure le repas qu'on nous prépare, puis-je vous prier de m'apprendre la cause de votre voyage en ce pays, et surtout ce qui vous empêche de venir à notre pauvre
monastère , où nous tâcherions de vous recevoir de
notre mieux.

— Votre Sagesse n'ignore pas, très-révérend père,
lui dit sir Piercy à voix basse, que, dans les affaires où
il y va de la tête d'un homme, le plus grand secret est
indispensable.

L'abbé fit signe à ses moines de se retirer, à l'exception du sous-prieur. — Vous pouvez, sire chevalier,
dit-il alors, vous expliquer sans crainte devant notre
fidèle ami et prudent conseiller le père Eustache, à qui
je puis appliquer cette strophe d'une des hymnes de
notre couvent :

> *Dixit abbas ad prioris :*
> *Tu es homo boni moris ,*
> *Quia semper sanioris*
> *Mihi das consilia* (1).

Au fait, la place de sous-prieur est au-dessous du

(1) On peut voir le reste de cette hymne dans l'ouvrage savant
de Foshrooke sur le monachisme britannique *.

* Le bon abbé dit au prieur :
Vous êtes un homme de cœur ;
Car vous me donnez sans cesse
Des conseils pleins de sagesse.
                                        ÉD.

mérite de notre cher frère, et nous ne pouvons l'élever
à celle de prieur, qui, pour de certaines raisons, demeure vacante dans notre monastère. Aussi je crains
toujours de me voir privé de ses sages conseils par sa
promotion à quelque place plus importante. Quoi qu'il
en soit, le père Eustache possède toute ma confiance,
il est digne de la vôtre.

Sir Piercy Shafton fit une inclination de tête; et
poussant un soupir capable de briser sa cuirasse d'acier,
il s'exprima en ces termes :

— Certes, très-révérends pères, il doit m'être permis de soupirer : je laisse, en quelque sorte, le paradis
pour l'enfer; je quitte la sphère brillante de la cour
royale d'Angleterre pour un coin obscur dans un désert inaccessible; je quitte la lice où j'étais toujours prêt
à rompre une lance avec mes égaux pour l'amour de
l'honneur ou en l'honneur de l'amour, pour lever le
bouclier contre des pillards, de vils maraudeurs; je re-
nonce aux salons resplendissans où je dansais avec grace
soit la vive courante, soit quelque autre danse plus
grave, pour venir m'asseoir au coin d'une cheminée en-
fumée dans un chenil d'Écosse; je cesse d'entendre les
accords ravissans du luth, pour avoir les oreilles dé-
chirées par les sons discordans de la cornemuse; enfin,
et par-dessus tout, j'abandonne les sourires de ces beautés qui forment une galerie céleste autour du trône
d'Angleterre, pour la froide politesse d'une demoiselle
à esprit inculte, et les regards étonnés de la fille d'un
meunier. Je pourrais encore dire que je change la conversation de galans chevaliers, d'aimables courtisans,
d'hommes de mon rang, dont les pensées sont vives et
brillantes comme l'éclair, pour l'entretien de moines et

de gens d'église; mais il serait peu convenable d'insister sur ce dernier point.

Tandis qu'il débitait cette longue liste de plaintes, l'abbé le regardait en ouvrant de grands yeux qui annonçaient que son intelligence ne pouvait atteindre la hauteur des talens oratoires du chevalier. Lorsque celui-ci s'arrêta pour reprendre haleine, il jeta un coup d'œil sur le sous-prieur, comme pour lui dire qu'il ne savait que répondre à une exorde si extraordinaire. Le père Eustache se hâta de venir au secours de son supérieur.

— Sire chevalier, dit-il, nous déplorons sincèrement avec vous les nombreux désagrémens que vous avez éprouvés, surtout celui de vous trouver dans la société de gens qui, sachant qu'ils n'étaient pas dignes d'un tel honneur, étaient bien loin de le désirer. Mais tout cela ne nous apprend pas quelle est la cause de cette série de désastres; ou, pour parler plus clairement, quel motif vous a forcé de vous placer dans une position qui a si peu de charmes pour vous.

— Votre Révérence doit excuser un malheureux qui, en racontant l'histoire de ses misères, ne peut s'empêcher d'appuyer fortement sur ce tableau; de même que l'homme tombé dans le fond d'un précipice lève les yeux vers le ciel pour mesurer la hauteur d'où il a été précipité.

— Mais il me semble, dit le père Eustache, qu'il serait plus sage à lui de dire à ceux qui viennent pour le secourir, lequel de ses membres il s'est cassé.

— Vous avez raison, sire sous-prieur. Dans le choc de nos esprits, votre lance a frappé juste (1), et la mienne

_____

(1) *Has made a fair attaint*, a fait une juste atteinte. *Attaint*

a pris une fausse direction. Excusez-moi si je vous parle le langage de la lice ; il doit paraître étrange à vos révérendes oreilles. Rendez-vous de la bravoure et de la beauté ! trône de l'amour ! citadelle de l'honneur ! célestes beautés dont les yeux brillans en font l'ornement ! Piercy Shafton ne s'avancera plus dans l'arène, lui qui fut le point de mire de tous les regards, la lance en arrêt, pressant les flancs de son coursier, au son des trompettes, noblement appelées la voix de la guerre, se précipitant sur son adversaire, rompant sa lance avec dextérité, et faisant ensuite le tour d'un cercle aimable pour recevoir les récompenses dont la beauté honore la chevalerie.

A ces mots, il se tordit les mains, leva les yeux au ciel, et parut absorbé dans de tristes réflexions.

— Il est fou, complètement fou, dit tout bas l'abbé au sous-prieur : je voudrais en être débarrassé, car je crains qu'il ne passe de la folie à la fureur. Ne serait-il pas prudent de rappeler nos frères ?

Mais le père Eustache savait mieux que son supérieur distinguer le jargon de l'affectation et de l'incohérence, de l'aliénation d'esprit, et il savait à quelles extravagances peut conduire l'envie de suivre le torrent de la mode.

Ayant donc laissé au chevalier l'espace de deux minutes pour calmer ses sensations exagérées, il lui rappela que le révérend abbé, en entreprenant un voyage si pénible à son âge, si contraire à ses habitudes, n'a-

---

était un terme de joute pour exprimer que le champion avait *attaint* (atteint) son but, ou en d'autres mots frappé de sa lance le casque ou le sein de son adversaire. Rompre la lance de travers, c'était manquer d'en diriger la pointe sur le but. — ÉD.

vait eu d'autre but que d'apprendre en quoi il pouvait
servir sir Piercy Shafton, ce qu'il ne pouvait faire sans
savoir bien positivement pourquoi il était venu chercher
un asile en Écosse. — Le soleil s'avance dans sa course,
ajouta-t-il en regardant à une croisée ; et si l'abbé est
obligé de retourner au monastère sans être mieux instruit, le regret pourra être mutuel, mais vous seul en
souffrirez les inconvéniens.

Cette dernière observation ne fut pas inutile.

— Déesse de la courtoisie ! s'écria le chevalier, est-il
possible que j'aie assez oublié vos lois pour sacrifier à
de vaines plaintes le temps de ce digne prélat ! Vos Révérences sauront donc que je suis proche parent des
Piercy de Northumberland, dont la renommée s'est
étendue partout où le nom anglais est connu. Or le
comte de Northumberland actuel, dont je vais vous
faire brièvement l'histoire...

— Cela est inutile, dit l'abbé, nous connaissons ce
noble et fidèle seigneur ; nous savons que c'est un des
plus fermes soutiens de la foi catholique, en dépit de la
femme hérétique assise aujourd'hui sur le trône d'Angleterre : c'est de vous-même que nous désirons que
vous nous parliez.

— J'ai donc à vous dire seulement que mon honorable cousin le comte de Northumberland, ayant con-
certé avec moi et d'autres hommes choisis, de rétablir
le culte catholique dans le royaume d'Angleterre, nous
prîmes des mesures capables de compromettre notre
sûreté personnelle. Or, comme nous en fûmes instruits
tout à coup, la reine Élisabeth, qui entretient autour
d'elle des conseillers fort habiles à faire échouer tous les
projets qu'on peut former, soit pour attaquer ses droits

à la couronne, soit pour rétablir la discipline de l'église
catholique, a découvert la trainée de poudre que nous
avions disposée, avant que nous eussions pu en approcher
cher la mèche. Sur quoi mon honorable cousin, pensant qu'il valait mieux qu'un seul homme portàt le fardeau du blâme, me le jeta tout entier sur les épaules ; et
je consentis d'autant plus volontiers à m'en charger,
que mon domaine, depuis un certain temps, se trouve
un peu encombré, et ne suffit plus pour me permettre
de vivre avec la splendeur nécessaire à un homme bien
né pour le distinguer du vulgaire.

— De manière, dit le sous-prieur, que l'état de vos
affaires particulières faisait qu'un voyage en pays étranger avait moins d'inconvéniens pour vous que pour
votre noble et digne cousin.

— C'est cela même, *rem acu tetigisti* (1). J'avais fait un
peu trop de dépenses dans les fètes et dans les tournois,
afin d'y paraître d'une manière convenable à mon rang ;
et les marchands de Londres, vrais Juifs et vrais Arabes,
ne voulaient plus me fournir à crédit, ce qui était pourtant indispensable pour l'honneur de la nation et pour
le mien. Pour dire la vérité, c'était en partie le désir
d'opérer un changement dans cet état de choses qui me
faisait désirer d'en amener un dans la situation de l'Angleterre.

— Ainsi, dit le sous-prieur, le non-succès de votre
entreprise relative aux affaires publiques d'un côté, et
le dérangement de votre fortune de l'autre, vous ont
engagé à chercher un asile en Écosse.

— Pour la seconde fois, révérend père, *rem acu teti-*

(1) Vous avez touché la chose au doigt. — Tr.

gisti. Et ce n'est pas sans bonnes raisons, puisque, si
j'étais resté en Angleterre, mon cou aurait pu avoir
pour ornement un cordon de chanvre, au lieu d'une
chaîne d'or. J'ai pris la route du nord avec tant de
promptitude, que je ne me suis donné que le temps de
changer mon pourpoint de velours de Gênes couleur de
pêche, brodé en or, pour cette cuirasse faite par Bona-
mico de Milan, jugeant que je n'avais rien de mieux à
faire que d'aller joindre mon cousin de Northumberland dans un de ses châteaux ; mais comme je me ren-
dais à Alnwick avec la vitesse d'un cerf lancé par les
chiens, je rencontrai à Northallerton un serviteur de
confiance de mon cousin, Henry Vaughan, qui m'apprit que je ne pouvais me montrer en sa présence sans
danger, attendu qu'en conséquence des ordres qu'il
avait reçus de la cour, il serait obligé de me faire arrêter.

— C'eût été, dit l'abbé, une mesure un peu dure de
la part de votre honorable parent.

— On peut le juger ainsi ; mais je soutiendrai jusqu'à
la mort l'honneur de mon digne cousin de Northumberland. Vaughan me donna de sa part un excellent
cheval, une bourse bien remplie, et deux guides qui,
m'ayant fait passer par des sentiers épouvantables où
pas un chevalier n'avait mis le pied depuis le temps de
Lancelot, me conduisirent dans ce royaume d'Écosse,
et me menèrent chez un certain baron, ou du moins
chez un homme qui se donne pour tel, nommé Julien
Avenel, par qui je fus reçu comme le lieu et les circonstances le permettaient.

— Et vous devez l'avoir été misérablement, dit l'abbé ;
car, à en juger par l'appétit que montre Julien quand

il est chez les autres, sa table ne doit pas être toujours abondamment servie.

— Votre Révérence a raison. Nous fîmes chère de carême ; et encore fallut-il compter en partant. Julien n'appelle pas cela un compte ; mais il fit tant d'éloges de mon poignard, dont la poignée était d'argent doré d'un travail admirable, que je ne pus me dispenser de le lui offrir, offre qu'il ne me donna pas la peine de faire deux fois. Il le plaça sur-le-champ dans son ceinturon, où il ressemblait au couteau d'un boucher plutôt qu'à l'arme d'un homme comme il faut.

— Un si beau présent, dit le père Eustache, aurait dû au moins vous assurer l'hospitalité pour quelques jours.

— J'en aurais été bien fâché : à force de complimens il m'aurait dépouillé du reste de ma garde-robe, écorché vif, de par tous les dieux hospitaliers ! Il jetait déjà un œil d'envie sur ma cuirasse, et prétendait que la lame de ma rapière était la mieux trempée qu'il eût jamais vue. Je fus obligé de faire force de voiles avant d'avoir perdu tous mes agrès. Heureusement une lettre de mon honorable cousin m'apprit qu'il vous avait écrit en ma faveur, et vous avait envoyé deux malles contenant mes vêtemens ; savoir : un surtout de soie cramoisie doublé de drap d'or, avec le baudrier pareil ; un justaucorps de soie couleur de chair, garni de fourrures, avec lequel je dansai dans le ballet du sauvage à la dernière fête de la cour ; deux paires de...

— Vous pouvez, sire chevalier, dit le sous-prieur, vous épargner la peine de nous faire l'inventaire de votre garde-robe. Les moines de Sainte-Marie ne sont pas des barons maraudeurs, et vous trouverez dans vos malles tout ce qu'elles contenaient quand elles sont arrivées au

monastère. D'après ce que vous venez de nous dire, et
d'après ce que nous a donné à entendre le comte de
Northumberland, nous devons croire que votre intention, quant à présent, est de garder l'incognito, et de
chercher à détourner de vous l'attention, autant que
peuvent le permettre votre mérite et votre rang.

— Hélas! sire sous-prieur, la lame la plus brillante
ne peut jeter aucun éclat quand elle est dans le fourreau; le feu du plus beau diamant est éclipsé quand il
reste dans son écrin; et le mérite, quand il est obligé de
se cacher, ne peut exciter l'admiration. Je ne saurais
dans ma retraite attirer l'attention que du petit nombre
de ceux à qui les circonstances me permettent de me découvrir.

— Je présume, mon vénérable père, dit alors le sous-
prieur à l'abbé, que votre sagesse tracera à ce noble
chevalier une ligne de conduite qui concilie le soin de
sa sûreté et l'intérêt de notre maison. Vous savez quels
efforts fait l'audace pour ébranler les fondemens de la
sainte Église; vous savez que plus d'une fois notre communauté a été menacée. Jusqu'ici nous avons résisté
aux assauts multipliés de nos ennemis; mais un parti,
favorable aux vues politiques de la reine d'Angleterre
et aux doctrines hérétiques, domine en ce moment à la
cour d'Écosse, et notre souveraine n'ose pas accorder
à son clergé souffrant toute la protection dont elle voudrait l'entourer.

— Je crois, dit le chevalier, qu'il sera plus agréable
à Vos Révérences de discuter cet objet important hors
de ma présence; et, à vous dire vrai, je suis impatient
de voir dans quel état se trouve ma garde-robe: je
crains qu'elle n'ait pas été emballée avec les soins et les

précautions nécessaires. Je ne me consolerais pas s'il était arrivé quelque accident à l'un de mes quatre habits neufs, dont l'élégance est au-dessus de tout ce que je pourrais vous en dire. Je vous prie donc de m'excuser si je vous quitte pour aller faire cette vérification importante. Et à ces mots il quitta l'appartement.

— Que Sainte-Marie nous conserve l'esprit ! s'écria l'abbé, étourdi du babil insignifiant du chevalier. Tant de sottises ont-elles jamais pu se loger dans la tête d'un homme ! Et c'est un tel fat, une tête si légère, que le comte de Northumberland a choisi pour principal confident dans une affaire si importante et si dangereuse.

— S'il avait eu plus de bon sens, dit le père Eustache, il en aurait été moins propre à jouer le rôle de bouc émissaire, que son honorable cousin lui destinait sans doute dès l'origine, dans le cas où ses projets viendraient à échouer. Je connais un peu ce Piercy Shafton. On a élevé des doutes sur la légitimité de sa mère, qu'il prétend descendre de la famille Piercy, et c'est un point sur lequel il est très-chatouilleux. Si un courage à toute épreuve et une galanterie déterminée sont des titres suffisans pour assurer ses droits à ce haut lignage, on ne peut les lui refuser. Du reste c'est un de ces étourdis du temps, comme Rowland Yorke, Stukéli, et tant d'autres, qui, après avoir dissipé follement leur fortune pour briller autant que ceux qui sont plus riches, tâchent de la réparer en s'engageant dans des complots et des conspirations.

— Sainte-Marie ! ce serait un mauvais hôte à introduire dans notre paisible demeure. Nos novices et nos jeunes moines sont déjà occupés de leur toilette, plus que cela ne convient à notre sainte profession. Ce chevalier leur ferait tourner la tête, depuis le *vestiarius* jusqu'au dernier marmiton.

— Il pourrait en résulter des suites plus fâcheuses. Dans ce siècle d'épreuves, on confisque, on vend, on achète les propriétés de l'Église comme si c'étaient celles d'un baron séculier. A quoi ne nous exposerions-nous pas, si nous étions convaincus de donner asile à un coupable de rébellion contre la femme qu'on appelle la reine d'Angleterre? Nous verrions bientôt une foule de parasites écossais solliciter des concessions de nos terres, et une armée anglaise venir les ravager. Les habitans de l'Écosse étaient autrefois de vrais Écossais, unis, fermes, aimant leur patrie, et oubliant toute autre considération quand la frontière était menacée : maintenant ils sont... que dirai-je ! les uns Français, les autres Anglais, et ne considèrent leur pays que comme un théâtre ouvert aux étrangers pour y venir vider leurs querelles.

—Il n'est que trop vrai, dit l'abbé; nous vivons dans un temps bien difficile; nos sentiers sont glissans et dangereux.

— C'est pourquoi il faut marcher avec précaution. Par exemple, nous ne devons pas recevoir cet homme dans le monastère de Sainte-Marie.

— Mais qu'en ferons-nous ? Songez qu'il souffre pour la cause de l'Église catholique; que son parent, le comte de Northumberland, a toujours été notre ami, et que ses possessions sont si voisines des nôtres, qu'il peut nous faire du bien ou du mal, suivant la conduite que nous tiendrons à l'égard d'un homme qu'il protège.

— Tous ces motifs, auxquels on peut joindre celui

de la charité chrétienne, nous imposent l'obligation de protéger et de secourir cet homme. Ne le renvoyons pas à Julien Avenel : ce baron sans conscience ne se ferait aucun scrupule de dépouiller un malheureux étranger. Qu'il reste ici. Plus l'endroit est obscur et écarté, moins il est probable qu'il y soit découvert. D'ailleurs, on peut lui en rendre le séjour moins incommode.

— Sans doute, dit l'abbé, je lui enverrai mon lit de voyage et un bon fauteuil.

— D'ailleurs, continua le sous-prieur, étant si près de nous, si quelque danger pressant le menaçait, il viendrait à l'abbaye, et nous trouverions moyen de l'y cacher, jusqu'à ce qu'on pût l'en faire partir sans danger.

— Ne vaudrait-il pas mieux l'envoyer à la cour d'É-cosse, et nous en débarrasser tout d'un coup ?

— Oui; mais ce serait aux dépens de nos amis. Ce papillon aura beau étendre ses ailes dans la vallée de Glendearg, personne ne le remarquera ; s'il était à Ho-lyrood, il voudrait, au risque de sa vie, briller aux yeux de la reine et de la cour : en moins de trois jours tous les yeux seraient fixés sur lui ; et la paix des deux extrémités de l'île serait peut-être troublée par un être qui comme une sotte mouche ne peut s'empêcher de voltiger autour d'une lumière.

— Vous avez raison, père Eustache; mais je per-fectionnerai votre plan pour lui rendre plus supportable son séjour ici : je lui enverrai en secret, non-seu-lement quelques meubles, mais de bon vin et du pain de froment. Il y a ici un jeune vassal fort adroit à la

6.

chasse du daim, je lui donnerai ordre de ne pas le laisser manquer de venaison.

— Nous lui devons fournir, dit le sous-prieur, tout ce qui peut lui être agréable sans nous faire courir le risque de le faire découvrir ici.

— Je ferai même plus, je vais envoyer sur-le-champ ordre au garde de notre vestiaire de faire partir aujourd'hui même tout ce dont il peut avoir besoin : veillez à cela, père Eustache.

— J'y vais, répondit le sous-prieur. Mais je l'entends appeler du secours pour attacher ses aiguillettes (1) : il sera bien heureux s'il trouve ici quelqu'un en état de remplir les fonctions de valet de chambre.

— Je voudrais pourtant qu'il arrivât, dit l'abbé ; car voilà le frère sommelier qui met la collation sur la table: par ma foi, ma course m'a aiguisé l'appétit.

(1) *Points.* On appelait *points* les cordons ou rubans à *pointes* de métal, comme les lacets des femmes, qui servaient à attacher le pourpoint au haut-de-chausses. Ces *points* étaient nombreux, et pour être attachés proprement, ce qu'on appelait *trussing* (trousser), l'aide de quelqu'un était nécessaire. — Éd.

CHAPITRE XVII.

―――

> » Je saurai bien trouver d'autres secours.
> » Autour de nous des esprits invisibles
> » Veillent, dit-on, et voltigent toujours :
> » Des talismans puissans, irrésistibles,
> » Les forceront à se montrer à moi. »
>
> JAMES DUFF.

L'ATTENTION du lecteur doit se reporter maintenant sur Halbert Glendinning, qui avait quitté la tour de Glendearg immédiatement après sa querelle avec sir Piercy Shafton. Il marchait dans la vallée d'un pas rapide, suivi du vieux Martin qui le priait d'être moins impétueux.

— Vous ne vivrez jamais assez pour porter des cheveux blancs, lui dit-il, si vous prenez feu ainsi à la moindre provocation.

— Et pourquoi le désirerais-je, si je dois être le but des insultes de chaque insensé que je rencontre? Vous-même, vieillard, à quoi vous sert de boire, manger et dormir tous les jours? Quel plaisir trouvez-vous le matin en vous éveillant, quand le jour vous rappelle à des travaux pénibles, ou le soir, quand la fin de la journée vous permet de reposer vos membres fatigués sur une paillasse bien dure? Ne vaudrait-il pas mieux vous endormir pour ne plus vous éveiller, que de passer ainsi successivement du travail à l'anéantissement, et de l'anéantissement au travail?

— Dieu me protège! il y a bien quelque vérité dans tout ce que vous me dites; mais, de grace, marchez plus doucement, car de vieilles jambes n'en peuvent suivre de jeunes, et je vous dirai pourquoi la vieillesse, quoique désagréable, est encore supportable.

— Parle donc, dit Halbert en ralentissant le pas; mais songe qu'il faut que nous rapportions de la venaison pour ces saints hommes si fatigués d'un voyage de quelques milles; et ce n'est que dans le bois de Brocksburn que nous pouvons espérer de trouver quelques daims.

— Sachez donc, mon bon Halbert, vous que j'aime comme si vous étiez mon fils, dit Martin, que je supporterai la vie sans répugnance, jusqu'à ce que la mort m'appelle, parce que telle est la volonté de mon Créateur. Je mène ce qu'on peut appeler une vie pénible : suant l'été, grelottant l'hiver, couchant sur la dure, recevant une nourriture grossière, méprisé comme un serf; et cependant je pense que, si je n'étais d'aucune utilité dans ce monde, Dieu m'en retirerait.

— Pauvre vieillard! dit Halbert; et comment une

idée aussi folle que celle de ton utilité prétendue peut-
elle te réconcilier avec un monde où tu joues un si triste
rôle ?

— Mon rôle n'y était pas plus brillant, ma personne
n'y était pas moins méprisée, le jour où j'ai sauvé ma
maîtresse et sa fille, en leur donnant un abri qu'elles
auraient peut-être inutilement cherché ailleurs.

— Tu as raison, Martin ; ce trait suffit seul pour racheter une vie passée tout entière dans l'inutilité.

— Et comptez-vous pour rien, Halbert, que j'aie le
droit de vous donner une leçon de patience et de soumission à la volonté du ciel ? Il me semble que mes
cheveux blancs ne sont pas sans utilité, s'ils peuvent
offrir à la jeunesse le précepte et l'exemple.

Halbert baissa la tête, et garda le silence quelques
instans. — Martin, lui dit-il ensuite, as-tu remarqué
quelque changement en moi depuis peu ?

— Depuis peu ? répéta Martin : oui, sans doute, car
c'est depuis hier. Je vous ai toujours connu vif, impatient, impétueux, prompt à parler sans réflexion ; mais
aujourd'hui, sans rien perdre de votre feu naturel, vous
avez un air de noblesse et de dignité que je ne vous ai
jamais vu.

— Et tu crois pouvoir juger d'un air de noblesse et
de dignité ?

— Et pourquoi non ? N'ai-je pas suivi mon maître
Walter Avenel à la ville, à la cour et dans les camps ?
Ce fut pour me récompenser qu'il me fit bâtir une
chaumière, et qu'il me donna la permission de nourrir
sur ses pâturages autant de bestiaux que bon me sem-
blerait. Mais moi-même, dans le moment où je vous
parle, je sens que je me sers de termes plus choisis qu'à

l'ordinaire, et que, quoique je n'en sache pas la raison, l'accent du nord est moins fortement prononcé
dans tout ce que je vous dis.

— Et tu ne peux assigner une cause à ce changement
en toi et en moi?

— A ce changement! De par la sainte Vierge, il n'y
a pas de changement en moi! seulement il me semble
que, tout à coup, je vous parle comme je parlais à mon
ancien maître il y a trente ans. Il est singulier que votre
société produise aujourd'hui cet effet sur moi, et qu'elle
ne l'ait jamais produit auparavant.

— Et crois-tu apercevoir en moi quelque chose qui
puisse m'élever un jour au niveau de ces hommes orgueilleux qui affectent de me mépriser aujourd'hui?

Martin se tut un instant. — Sans doute, Halbert,
dit-il ensuite, cela peut arriver : j'ai vu des agneaux
chétifs devenir les plus beaux moutons du troupeau.
N'avez-vous jamais entendu parler d'Hughie Dun, qui
quitta ce pays il y a environ trente-cinq ans? C'était
un garçon bien appris; il savait lire et écrire comme un
prêtre ; aucun cavalier ne maniait mieux la lance et le
bouclier. Je m'en souviens comme si c'était hier. Jamais
on n'avait vu son pareil dans les domaines de Sainte-
Marie; aussi ne manqua-t-il point d'avancement.

— Et à quoi parvint-il? demanda Halbert avec vivacité.

— A rien de moins, répondit Martin en se redres-
sant, qu'à être domestique de l'archevêque de Saint-
André.

Le feu qui brillait dans les yeux d'Halbert s'éteignit
tout à coup. — Et voilà donc tout ce que lui valurent
ses connaissances et ses talens? s'écria-t-il.

Martin le regarda à son tour d'un air de grande surprise. — Et qu'est-ce que la fortune pouvait faire de plus pour lui? dit-il. Le fils d'un vassal de l'Église n'est pas de l'étoffe dont on fait les chevaliers et les lords. Le courage et la science ne peuvent rendre noble le sang d'un villageois : cela n'empêche pas qu'il n'ait donné en mariage à sa fille cinq cents bonnes livres, argent d'Écosse, et qu'elle n'ait épousé le bailli de Pittenweem.

En ce moment, et tandis qu'Halbert cherchait une réponse, un daim traversa le sentier; l'arc du jeune homme fut bandé au même instant; la flèche partit, et le daim tomba mort sur le gazon.

— Voilà de la venaison pour dame Elspeth, dit Martin. Qui aurait cru qu'un daim, dans cette saison, s'approcherait autant de la vallée? C'est un animal superbe! trois pouces de graisse sur la poitrine? Le bonheur vous suit partout : si vous vous le mettiez en tête, vous deviendriez un des hommes d'armes de l'abbé, et vous auriez une jaquette rouge comme le plus brillant d'entre eux.

— Si jamais je sers quelqu'un, dit Halbert, ce ne sera que la reine. Prends soin de ce daim, Martin; je vais faire un tour dans le marécage; j'ai quelques flèches à ma ceinture; je rencontrerai peut-être quelques oies sauvages.

A ces mots, il doubla le pas, et fut bientôt hors de vue. Martin le suivit des yeux aussi long-temps qu'il le put. — Il y a dans ce jeune homme de quoi faire quelque chose, dit-il, si l'ambition ne le perd pas. Servir la reine! Sur ma foi, elle a des serviteurs qui ne le valent pas. Et pourquoi n'aurait-il pas la tête haute? Il n'y a

que ceux qui montent à l'échelle qui peuvent arriver au
dernier échelon. Allons, Votre Seigneurie, dit-il au
daim, il faut que vous veniez à Glendearg sur mes deux
jambes, un peu moins vite que vous n'auriez pu y aller
sur vos quatre. Mais vous êtes bien lourd ! Je me con-
tenterai d'emporter votre train de derrière, et je reviendrai chercher le reste avec un cheval.

Tandis que Martin portait la venaison à la tour, Halbert continuait à marcher, respirant plus librement
depuis qu'il était débarrassé de son compagnon. — Domestique de l'archevêque de Saint-André ! répétait-il,
domestique d'un prêtre orgueilleux ! Et c'est là, avec le
privilège d'allier son sang à celui d'un bailli de village,
ce qu'on regarde comme devant couronner toutes les
espérances d'un vassal de l'Église ! De par le ciel, si je
ne me sentais une répugnance invincible pour ces ra-
pines nocturnes, j'aimerais cent fois mieux prendre la
lance et m'enrôler parmi les Jacks de quelque baron !
Il faut pourtant me déterminer à quelque chose ; je ne
puis vivre ici plus long-temps dégradé, déshonoré, objet du mépris du premier étranger portant des éperons
dorés, qui arrivera du sud. Cet être inconnu, cet esprit,
ce fantôme, n'importe ce qu'il soit, je veux le faire paraître encore une fois. Depuis que je lui ai parlé, que
j'ai touché sa main, j'ai senti naître en moi des émotions et des pensées dont je n'avais pas d'idée auparavant. Moi qui trouve le vallon que mon père a habité
trop étroit pour mon ambition, m'y verrai-je outragé
par un vain et frivole courtisan, et en présence de
Marie Avenel? Non, de par le ciel, je ne le souffrirai pas !

Tout en parlant ainsi, il arrivait à l'endroit sauvage

nommé Corrie-nan-Shian, et il était près de midi. Il resta quelques instans les yeux fixés sur la fontaine, cherchant à deviner quel accueil lui ferait la Dame Blanche. Elle ne lui avait pas expressément défendu de l'évoquer de nouveau ; mais ces mots, qu'elle avait prononcés en lui faisant ses adieux,

Un autre guide t'instruira ,

n'étaient-ils pas une prohibition tacite de recourir encore à elle ?

Il n'hésita pourtant pas long-temps : la hardiesse formait la base de son caractère, et le changement qui s'était récemment opéré en lui n'avait fait qu'y ajouter encore. Il tira son épée, se dépouilla la jambe droite, salua trois fois la fontaine et le vieux houx, et répéta la même formule d'évocation.

Dame blanche d'Avenel ,
Votre promesse m'amène :
Répondez à mon appel,
Dame blanche d'Avenel.
Le soleil du haut du ciel
Brille sur votre fontaine ;
Dame blanche d'Avenel ,
Votre promesse m'amène.

Ses yeux étaient fixés sur le houx tandis qu'il prononçait le dernier vers, et ce ne fut pas sans une émotion involontaire qu'il vit, entre lui et cet arbre, l'air se troubler, se condenser, et prendre l'apparence d'une forme humaine, mais si transparente, qu'il pouvait distinguer jusqu'aux branches et aux feuilles du vieux houx qui était devant lui, comme s'il n'en eût été séparé que par un voile de crêpe. Peu à peu néanmoins l'apparition prit une forme plus substantielle; et la Dame Blanche parut à ses yeux telle qu'il l'avait déjà vue, mais ayant sur le front une expression de mécontentement qu'il n'y avait pas encore remarquée. Elle lui adressa la parole en ces termes :

> C'est aujourd'hui que les filles de l'air ,
> Tous les esprits peuplant les forêts et la mer,
> Pleurent leur triste destinée :
> Car ce n'est pas pour nous qu'en pareille journée
> On vit s'accomplir autrefois
> Un sacrifice imposant et sublime ,
> Où la plus auguste victime
> Aux coupables mortels rendit leurs anciens droits;
> Où la vertu s'immola pour le crime.
> Malheur ! trois fois malheur au mortel trop hardi
> Qui devant nous paraît le vendredi !

— Esprit ! dit Halbert avec audace, il est inutile de menacer un homme qui méprise la vie. Ta colère ne peut que me faire périr, et je ne crois pas même que ton pouvoir ou ta volonté aillent jusque-là. Mon ame est inaccessible à la terreur que la présence des êtres semblables à toi produit sur les autres hommes. Mon cœur est endurci par une espèce de désespoir. Si je suis, comme tes paroles semblent l'annoncer, d'une race qui a été plus particulièrement l'objet de la bienveillance du ciel, c'est à moi d'ordonner, et tu dois m'obéir, car mon origine est plus noble que la tienne.

Tandis qu'il parlait ainsi, l'être extraordinaire auquel il s'adressait le regardait d'un air fier et courroucé. C'était toujours la Dame Blanche, mais son visage avait un caractère plus sombre et plus dur : ses yeux semblaient se contracter, et brillaient du feu de la colère;

ses traits étaient agités de légères convulsions, comme si elle se fût préparée à prendre une forme plus effrayante : elle ressemblait à ces figures fantastiques qui se présentent à l'imagination excitée par l'opium, mais qui n'ont qu'une existence momentanée, et qui souvent, agréables d'abord, finissent par devenir affreuses et bizarres.

Lorsque Halbert eut terminé son discours hardi, l'espèce d'agitation que les traits de la Dame Blanche avaient éprouvée cessa tout à coup : elle reprit l'aspect pâle et mélancolique qui lui était habituel, et, au lieu d'offrir aux yeux du jeune Glendinning une métamorphose effrayante, comme il s'y attendait, elle lui adressa les paroles suivantes :

Jeune homme entreprenant, rends grace à ton courage.
Si mon air menaçant avait sur ton visage
Fait naître un seul instant la pâleur et l'effroi,
Si ton œil eût tremblé, c'en était fait de toi.
Quoique tu sois formé de boue et de poussière,
Que mon être céleste, éclatant de lumière,
Soit un corps glorieux, subtil, aérien,
Nourri par la rosée et différent du tien,
Parle : le ciel arma l'homme de sa puissance,
Et lui donna des droits à notre obéissance.

— Apprends-moi donc, lui dit Halbert, quel charme a produit le changement que je remarque dans mon esprit et dans mes désirs? Pourquoi ne pensé-je plus à la chasse, à mon arc et à mes flèches? Pourquoi mon ame brûle-t-elle de s'élancer hors des limites de cette étroite vallée? Pourquoi mon sang est-il enflammé par le souvenir de l'insulte que j'ai reçue d'un homme dont j'aurais tenu l'étrier il y a quelques jours, dont une parole ou un regard m'auraient semblé une faveur?

Pourquoi désiré-je m'élever au rang des chevaliers, des barons et des grands? Est-ce bien moi qui, dormant hier dans une obscurité dont je ne songeais pas à sortir, me réveille aujourd'hui brûlant d'ambition, passionné pour la gloire? Parle : dis-moi, si tu le peux, d'où vient un tel changement. Ai-je été jusqu'ici, ou suis-je en ce moment sous l'influence d'un enchantement? Réponds-moi : est-ce ta puissance qui a produit cette métamorphose?

La Dame Blanche lui répondit :

> Un être plus puissant que moi
> Règne sur toute la nature.
> Son empire s'étend sur toi,
> Comme sur chaque créature :
> L'aigle qui plane dans les cieux,
> L'insecte rampant sur la terre,
> A ses lois sont soumis tous deux.
> Ni le palais, ni la chaumière
> Ne sont exempts de son pouvoir ;
> Et, pour changer le caractère ;
> Il lui suffit de le vouloir.

— Parle-moi d'une manière moins obscure, dit Halbert; fais-moi comprendre clairement ce que tu veux me dire.

La Dame Blanche reprit la parole :

> Interroge ton cœur. L'image de Marie
> Le remplit tout entier.
> Demande-lui pourquoi ta fierté porte envie
> Au noble chevalier ;
> Pourquoi tu ne saurais souffrir en sa présence
> Un regard insultant;
> Pourquoi, dans ce vallon si cher à ton enfance,
> De rien tu n'es content ;

Pourquoi l'ambition de ton ame enhardie
A fait un vrai volcan ;
Ton cœur te répondra : l'image de Marie
Est ton seul talisman.

— Puisque tu m'as dit ce que je n'osais m'avouer à moi-même, reprit Halbert rougissant encore, dis-moi donc par quel moyen je dois lui faire connaître mes sentimens.

La Dame Blanche répondit d'un ton mélancolique :

Sur un tel point pourquoi m'interroger ?
Êtres imparfaits que nous sommes,
Nous pouvons voir les passions des hommes,
Mais sans jamais les partager.
Déployant sa magnificence,
Ainsi l'aurore dans le nord
Des mortels étonnés charme les yeux d'abord :
Mais sur eux ses rayons restent sans influence.

— Et cependant, dit Halbert, ou les hommes se trompent, ou ton destin est lié à celui des mortels.

La Dame Blanche continua en ces termes :

Par d'étranges liens, au destin des mortels
Notre destinée est unie.
Quand le premier des Avenels,
Norman Ulric, reçut la vie,
Un astre rayonnant brillait au haut des cieux.
S'échappant tout à coup de son sein radieux,
Par la rosée une perle formée
Tomba dans cette source : un esprit en naquit :
Et c'est ainsi que le même instant vit
Une double essence animée.

— Je te le dis encore, s'écria Halbert, parle-moi plus clairement ; je puis à peine te comprendre. Quelle est la nature des liens qui t'attachent à la famille d'Avenel ? Quelle est la destinée qui attend cette maison ?

7.

L'esprit répondit : .

> Regarde ce fil d'or qui me sert de ceinture.
> Quand je sortis des mains de la nature,
> Et que je reçus ce présent,
> Il n'était pas ce qu'il est à présent ;
> C'était une si forte chaîne,
> Que le vainqueur des Philistins.
> Pour la briser de ses puissantes mains,
> Eût pris une inutile peine.
> Mais, hélas! rien n'est éternel,
> Et de la maison d'Avenel
> Elle devait suivre la destinée.
> L'une diminuant de gloire et de splendeur,
> L'autre a diminué de force et de grosseur.
> Ce fil disparaissant, dans la même journée
> La maison d'Avenel doit cesser d'exister ;
> Et les élémens redemandent
> Les principes vitaux qu'ils m'ont voulu prêter.
> N'en demande pas plus, les astres le défendent.

— Puisque tu peux lire dans les astres, dit le jeune homme, tu peux au moins me dire quel sera le destin de ma passion, si tu peux en favoriser le succès.

La Dame Blanche répondit en soupirant :

> De l'astre d'Avenel, autrefois si brillant,
> L'éclat est éclipsé, le lustre est défaillant :
> Telle on voit d'un fanal s'obscurcir la lumière
> Lorsque l'astre du jour commence sa carrière :
> Il pâlit, il paraît arrêté dans son cours,
> Et l'on dirait qu'il va s'éteindre pour toujours.
> Il cède à quelque affreuse et funeste influence :
> Son aspect ne promet qu'infortune et vengeance ;
> Et mon œil, en voulant percer l'obscurité,
> Ne voit que passion, haine, rivalité.

— Rivalité! s'écria Halbert; mes craintes sont donc réalisées! Mais sera-t-il dit que ce papillon d'Angleterre osera me braver dans la maison de mon père, et en présence de Marie Avenel? Esprit, procure-moi le moyen de le combattre, de faire disparaître les vaines distinctions de rang dont il se prévaut pour me refuser le combat, place-nous en face l'un de l'autre; et, quel que soit l'aspect des astres, l'épée de mon père l'emportera sur leur influence.

Elle répondit sur-le-champ :

> Mes dons sont quelquefois à craindre;
> Je t'en préviens. De moi ne va donc pas te plaindre .
> Si c'est pour ton malheur que je cède en ce jour.
> Nous qui planons au-dessus de ta sphère,
> Nous sommes étrangers à la haine, à l'amour.
> Le présent que je vais te faire
> Également dans tes mains deviendra
> A tes vœux propice ou contraire ;
> Ta prudence en décidera.

— Donne-moi les moyens de réparer mon honneur, s'écria le jeune Glendinning ; de rendre à mon orgueilleux rival les insultes qu'il m'a faites ; et peu m'importe ce qui en résultera : que je puisse punir son insolence, je dormirai en repos, et je pourrai tout supporter.

La Dame Blanche détacha une aiguille d'or qui retenait sa chevelure, et dit à Halbert en la lui présentant :

> S'il te fatigue encor de sa fierté hautaine,
> Tu n'as qu'à présenter cette aiguille à ses yeux.
> Mais déjà le soleil a quitté la fontaine ;
> Tes souhaits sont comblés, je te fais mes adieux.

Secouant alors la tête, ses cheveux tombèrent autour d'elle comme un voile, ses traits devinrent moins distincts, son visage pâle comme la lune dans son premier quartier, son corps transparent; et elle finit par disparaître entièrement.

L'habitude nous accoutume aux merveilles; cependant Halbert, seul près de la fontaine, éprouva encore, quoiqu'à un moindre degré, le trouble dont il avait été saisi lorsqu'il avait vu pour la première fois la Dame Blanche s'évanouir à ses yeux. Un doute se présenta à son esprit et le tourmenta quelques instans. Pouvait-il, en sûreté de conscience, se servir des dons d'un être qui convenait lui-même qu'il n'appartenait pas à la classe des anges ? Et qui pouvait savoir s'il n'était pas d'un lignage pire que celui qu'il voulait bien avouer ? — J'en parlerai à Édouard, dit-il : il est instruit dans la science des clercs, il me dira ce que je dois faire. Mais non, Édouard est trop prudent, trop scrupuleux. J'éprouverai l'effet de ce présent sur sir Piercy Shafton, s'il ose encore me braver; et j'apprendrai bien moi-même par le résultat s'il y a du danger à suivre les avis de la Dame Blanche. Allons, retournons à la tour. Je verrai bientôt si je puis y rester; car je ne souffrirai plus d'insulte, ayant l'épée de mon père à mon côté, et en présence de Marie.

CHAPITRE XVIII.

― ― ― ―

> « Je te donnerai, dit le roi ;
> « Dix-huit sous par jour, sur ma foi ;
> » Et, dans le nord portant les armes,
> » Tu seras chef de mes gendarmes.
> « — Et moi, je prétends à mon tour,
> » Te donner treize sous par jour :
> » Et quand tu voudras, capitaine,
> « Tu les toucheras, dit la reine. »
>
> *William de Cloudesley.*

Les mœurs du temps ne permettaient pas aux habitans de Glendearg de partager le repas servi dans la
salle à manger de cette ancienne tour pour l'abbé et sa
suite, et sir Piercy Shafton. Dame Elspeth en était exclue
par l'infériorité de sa condition et par son sexe ; car, quoique cette règle ne fût pas très-scrupuleusement observée,
une femme ne pouvait s'asseoir à la même table que
l'abbé de Sainte-Marie. Cette dernière raison empêchait

Marie Avenel d'y avoir place, et la première était un obstacle invincible pour Édouard. Mais l'abbé daigna les inviter à rester dans le même appartement, et même leur adresser quelques mots obligeans sur le bon accueil qu'il recevait.

La venaison fumante était sur la table. Le frère sommelier, avec tout le respect convenable, avait attaché une serviette blanche comme la neige sous le menton de son supérieur, et il ne manquait, pour commencer le repas, que sir Piercy Shafton, qui arriva enfin, brillant comme le soleil, avec un pourpoint écarlate brodé, un chapeau à cercle d'or de la coupe la plus moderne, et portant autour du cou une chaîne enrichie de rubis et de topazes d'un assez grand prix pour justifier l'inquiétude qu'il avait eue pour ses bagages. Cette chaîne, qui ressemblait à celle que portaient les chevaliers du plus haut parage, soutenait un médaillon qui lui tombait sur la poitrine.

— Nous attendions sir Piercy Shafton pour nous mettre à table, dit l'abbé en s'asseyant sur le grand fauteuil que le frère sommelier s'empressa d'approcher de lui.

— Je demande pardon à Votre Révérence, dit le chevalier; mais je n'ai pris que le temps strictement nécessaire pour me désencombrer de mes habits de voyage, et me métamorphoser en quelque chose de plus présentable.

— Je ne puis que faire l'éloge de votre galanterie, sire chevalier, et surtout de votre prudence. Si vous aviez porté cette chaîne en voyage, elle aurait, dans certains cantons, couru risque de ne pas arriver jusqu'ici.

— Votre Révérence remarque cette chaîne? Ce n'est qu'une bagatelle sur ce pourpoint; mais j'en ai un de velours de Gênes, dont l'étoffe, de couleur noire, fait tellement ressortir les diamans, qu'ils ressemblent à des étoiles étincelant à travers les nuages.

— Je n'en doute pas, sir Piercy; mais mettez-vous à table, je vous en prie.

Sir Piercy était dans son élément quand il parlait de sa toilette; et il n'était pas facile de l'en distraire. — Il est possible, dit-il, que cette chaîne, toute simple qu'elle est, eût tenté la cupidité de Julien... Sainte-Marie! s'écria-t-il en s'interrompant, je ne m'étais pas aperçu de la présence de ma charmante Protection, que j'appellerai plutôt mon aimable Discrétion. Est-il possible qu'avant de vous avoir saluée, adorable Discrétion, j'aie laissé échapper de la bergerie de ma bouche quelques paroles égarées qui ont sauté par-dessus la haie de la civilité, et fait une incursion sur le domaine du décorum!

— La discrétion en ce moment, reprit l'abbé, consiste à ne pas laisser refroidir la collation. Père Eustache, dites le *Benedicite*, et coupez la venaison.

Le sous-prieur exécuta sur-le-champ le premier ordre; mais, avant d'obéir au second: — Votre Révérence, dit-il à l'abbé, n'oublie pas que c'est aujourd'hui vendredi? Il lui fit cette observation en latin, afin que le chevalier ne l'entendît pas.

— Nous sommes des voyageurs, répondit l'abbé, et *viatoribus licitum est...* Vous connaissez le canon. Dans quelque maison que vous entriez, dit saint Paul, mangez ce qu'on vous servira. Je vous accorde à tous une dispense de maigre pour aujourd'hui, à condition que vous, mes frères, vous réciterez ce soir le *Confiteor* après complies; que vous, chevalier, vous ferez une aumône proportionnée à votre bourse, et que tous vous vous abstiendrez de chair tel jour du mois prochain qu'il vous conviendra.

Tout en établissant ainsi les conditions de la dispense qu'il accordait, la digne abbé avait déjà fini sa première tranche de venaison, qu'il arrosa d'un grand verre de vin du Rhin.

— On a raison de dire, reprit-il après avoir demandé une seconde tranche, que la vertu trouve sa récompense en elle-même. Cette collation est bien simple : elle a été préparée à la hâte, elle est servie dans un appartement bien modeste; et je ne me souviens pas d'avoir mangé de si bon appétit depuis le temps où j'étais simple frère au couvent de Dundrennan, et que je travaillais au jardin du matin au soir. J'arrivais au réfectoire mourant de faim, le gosier desséché par la soif (*da mihi vinum, quæso, et merum sit* (1), et je ne connaissais pas ces maux d'estomac qui exigent aujourd'hui le secours de bon vin et de viandes choisies pour me faciliter la digestion.

— Il serait possible, dit le sous-prieur, qu'une course faite de temps à autre à l'extrémité des domaines de Sainte-Marie produisit le même effet sur votre santé que l'air du jardin de l'abbaye de Dundrennan.

— Il est possible, dit l'abbé, qu'avec la bénédiction de notre sainte patrone de telles courses me soient avantageuses. Mais il faudra avoir l'œil à ce que notre ve-

(1) Le sens de cet *aparté* latin est : Donnez-moi du vin, et du bon. — Éd.

naison soit toujours tuée par un chasseur habile, et
qui connaisse bien son métier.

— Si Votre Révérence me permet de parler, dit le
frère cuisinier, je lui dirai, sur ce point important,
qu'elle ne pourrait mieux faire que de choisir pour
garde en second de ses bois le fils aîné de dame Elspeth
Glendinning ici présente. Je dois, par ma place, avoir
quelques connaissances sur la manière de tuer le gibier,
et je vous déclare que jamais je n'ai vu une flèche si
bien adressée. Elle a justement frappé le daim au
cœur.

— Par hasard, dit sir Piercy Shafton ; un seul coup
ne fait pas plus le bon chasseur que qu'une seule hiron-
delle ne fait le printemps. Au surplus, j'ai vu le jeune
villageois dont vous parlez ; et si sa main est aussi habile à décocher des flèches que sa langue l'est à débiter
des impertinences, je le déclare aussi bon archer que le
fut Robin Hood.

— Par sainte Marie ! s'écria l'abbé, il faut tirer cette
affaire à clair. Approchez, dame Glendinning, et dites-
nous, comme à votre supérieur temporel et spirituel,
en votre ame et conscience, sans crainte ni partialité,
attendu qu'il s'agit d'un objet de grand intérêt, si votre
fils est aussi habile à tirer de l'arc que le pense le frère
cuisinier.

— Hélas ! répondit Elspeth en faisant une profonde
révérence à l'abbé, je suis payée pour pouvoir en parler, puisque mon mari, Dieu veuille avoir son ame !
fut tué d'un coup de flèche à la bataille de Pinkie, où
il combattait sous la bannière de l'Église, comme c'é-
tait le devoir d'un vassal de Sainte-Marie. C'était un
homme brave et un brave homme, comme Votre Révé-

rence peut le savoir; si ce n'est qu'il aimait un morceau de venaison, et qu'il faisait quelquefois un tour sur les frontières avec nos maraudeurs, je ne saurais dire quel péché il a jamais commis; cependant, quoique j'aie payé bien des messes pour le repos de son ame, je n'ai pas la satisfaction d'être sûre qu'elle soit tirée du purgatoire.

— Dame Glendinning, dit l'abbé, si votre mari est mort en combattant sous la bannière de l'Église, comme vous le dites, ne doutez pas que nos prières ne le tirent du purgatoire, si toutefois il s'y trouve : mais c'est de votre fils qu'il s'agit en ce moment, et je vous demande de me dire s'il est expert à tirer de l'arc, oui ou non?

— Plût à Dieu qu'il le fût moins, Votre Révérence, mes terres en seraient mieux cultivées ; mais la vérité est qu'il est également habile à l'arc, à l'arbalète et au fusil. Si l'honorable chevalier que voilà veut tenir son chapeau à cent pas, je réponds qu'il le percera d'une flèche, d'un trait ou d'une balle, à son choix, sans toucher seulement le bout d'un de ses rubans, c'est-à-dire pourvu que le digne seigneur le tienne d'une main bien ferme. J'ai vu le vieux Martin lui tenir son bonnet plus d'une fois, et le révérend père sous-prieur en a été lui-même témoin, s'il s'en souvient.

— Je ne crois pas que je l'oublie jamais, dame Elspeth, dit le père Eustache, car je ne savais ce que je devais admirer davantage du sang-froid du jeune tireur, ou de la fermeté du vieillard. Cependant je ne conseillerai pas à sir Piercy Shafton d'exposer à un tel risque son beau chapeau, et encore moins sa précieuse personne, à moins qu'il n'en ait la volonté bien prononcée.

— Soyez bien assuré du contraire, s'écria vivement le

chevalier ; je ne dispute pas à ce jeune villageois l'a-
dresse que Votre Révérence lui attribue ; mais un
homme n'est qu'un homme ; les doigts peuvent glisser
sur la corde, l'œil peut être ébloui, et le plus adroit tireur peut s'écarter du but de la longueur du bras. Je ne
ferai certainement pas cette épreuve dangereuse, dont
le résultat le plus heureux serait la perte de mon chapeau, d'un chapeau qui...

— Comme il vous plaira, sire chevalier, dit l'abbé ;
notre religion se trouve suffisamment éclairée par le té-
moignage de notre féal conseiller le père sous-prieur,
et nous n'en nommerons pas moins ce jeune homme
sous-garde des bois qu'il a plu au bon roi David d'accorder à cette abbaye.

— A genoux, femme, à genoux ! crièrent en même
temps le cuisinier et le sommelier ; remerciez Sa Révérence de la grace qu'elle accorde à votre fils, et baisez-
lui la main.

Alors, comme s'ils eussent chanté alternativement les
versets d'un psaume, ils commencèrent une espèce de
duo contenant l'énumération de tous les avantages que
cette place assurait à son fils.

— Quatre marcs d'argent tous les ans à la Chande-
leur, dit le frère sommelier.

— Un justaucorps et un haut-de-chausse vert à la
Pentecôte, dit le frère cuisinier.

— Un tonneau de double ale à la Saint-Martin, reprit le premier, et de la petite ale à discrétion, en s'entendant avec le père cellérier.

— Qui est un homme raisonnable, dit l'abbé, et qui
saura encourager un serviteur actif du couvent.

— Une terrine de soupe et six livres de bœuf ou de

mouton à chaque grande fête, continua le frère cuisinier.

— Le droit de faire pâturer deux vaches et un cheval dans la prairie de Sainte-Marie, ajouta le sommelier.

— Un cuir de bœuf par an, pour se faire des bottes, attendu les broussailles, dit encore le premier.

— Et d'autres avantages *quæ nunc describere longum*, dit l'abbé.

Pendant ce dialogue, Elspeth, à genoux entre les deux frères, tournait machinalement la tête de l'un à l'autre, et ressemblait à un automate mû par des ressorts. Dès qu'ils se turent, elle baisa avec dévotion la main libérale de l'abbé; mais connaissant le caractère intraitable d'Halbert sur certains points, elle ne put s'empêcher, tout en faisant des remerciemens réitérés, d'ajouter qu'elle espérait qu'Halbert sentirait l'importance de cette place, et ne la refuserait pas.

— La refuser! s'écria l'abbé en fronçant le sourcil : votre fils est-il donc privé de raison?

Elspeth, étourdie par le ton dont cette question lui était faite, fut hors d'état d'y répondre. Mais quand elle aurait pu le faire, à peine sa réponse eût-elle été entendue, attendu qu'il plut aux deux frères de recommencer leurs litanies.

— Refuser! s'écria le frère sommelier.

— Refuser! répéta le frère cuisinier.

— Refuser quatre marcs d'argent par an! ajouta le premier.

— Bière, soupe, mouton, cuir, et droit de pâture! continua le second.

— Jutaucorps et haut-de-chausse! reprit l'autre.

— Mes frères, dit le sous-prieur, un moment de patience. Ne nous pressons pas de nous étonner avant d'avoir un motif de surprise. Cette bonne dame doit connaître l'esprit et l'humeur de son fils. Ce que j'en puis dire, c'est qu'il n'est pas porté aux sciences, dont j'ai inutilement cherché à lui donner quelque teinture. Et cependant c'est un jeune homme d'un caractère peu commun, ressemblant beaucoup, suivant mon faible jugement, à ces hommes que Dieu suscite parmi un peuple quand il veut effectuer sa délivrance par la force du bras et la fermeté du cœur. Ils ont quelquefois une humeur bizarre et obstinée qui les fait paraître stupides et intraitables, jusqu'à ce qu'ils trouvent l'occasion marquée par la Providence pour devenir les instrumens de grandes choses.

— Vous avez raison, père Eustache, dit l'abbé, et nous verrons ce jeune homme avant de nous décider sur le parti que nous prendrons à son égard. Qu'en dites-vous, sire chevalier? N'est-ce pas l'usage à la cour de chercher l'homme qui convient à la place, plutôt que la place qui convient à l'homme?

— Je souscris en partie, répondit sir Piercy Shafton, aux sages observations de Votre Révérence. Mais avec tout le respect que je dois au vénérable sous-prieur, je ne crois pas que ce soit dans les chaumières du bas-peuple qu'il faille chercher des chefs et des libérateurs pour un peuple. S'il se trouve dans ce jeune homme quelques étincelles d'esprit martial, ce que je n'ai point envie de lui disputer, quoique j'aie rarement vu la présomption et l'arrogance unies à la vraie bravoure, elles ne pourront que le distinguer dans sa sphère obscure. De même que le ver luisant, qui brille caché dans

8.

l'herbe de la prairie, serait sans éclat si on le plaçait sur une hauteur pour servir de fanal, ainsi...

— Voilà justement le jeune chasseur qui arrive pour parler pour lui-même, dit le père Eustache qui, placé en face d'une croisée, vit Halbert monter la petite colline sur laquelle la tour était située.

— Qu'on l'avertisse de se rendre en notre présence, dit l'abbé; et les deux frères, se disputant d'obéissance, partirent à l'instant. Elspeth les suivit sur-le-champ, tant pour recommander à son fils la soumission aux volontés de l'abbé, que pour l'engager à changer de vêtemens avant de se présenter devant lui. Mais les frères le tenaient déjà chacun par un bras, et l'amenaient en triomphe dans l'appartement.

— Que la volonté de Dieu soit faite! dit Elspeth : si du moins il avait ses habits du dimanche!

Quelque modeste que fût ce souhait, il ne fut pas exaucé; et le jeune Glendinning fut conduit en présence de l'abbé, sans qu'on lui donnât un seul mot d'explication, et sans qu'on lui accordât le temps de mettre, suivant le désir de sa mère, son haut-de-chausse des jours de fête, ce qui, dans le langage du temps, voulait dire des culottes et des bas.

Quoique présenté soudainement au milieu de tous les hôtes de Glendearg, Halbert avait encore dans son maintien quelque chose qui commandait leur respect; cependant la plupart d'entre eux étaient disposés à le considérer avec hauteur, sinon avec un dédain absolu.

Mais son entrée et l'accueil qu'il reçut méritent bien un chapitre particulier.

CHAPITRE XIX.

―――――――――

> » C'est à toi de choisir la richesse et l'honneur,
> » Voici de l'or, si l'or peut faire ton bonheur.
> » Tu pourras au plaisir consacrer ta jeunesse,
> » Ton âge mûr au bruit, au repos ta vieillesse.
> » Mais, en prenant l'argent, adieu l'ambition :
> » Tu croupiras toujours dans ta condition ;
> » Tu seras confondu dans la troupe grossière
> » Des paysans obscurs qui labourent la terre. »
>
> *Ancienne comédie.*

Il est indispensable d'entrer dans quelques détails sur Halbert Glendinning, avant de rendre compte de son entrevue avec l'abbé de Sainte-Marie, dans ce moment de crise qui allait décider de son sort.

Il avait dix-neuf ans. Il était plus grand et plus actif que robuste, mais constitué de manière à promettre qu'il serait doué d'une grande force quand la nature aurait complètement fini son travail. Il était parfaitement bien fait, et de même que la plupart de ceux qui

jouissent de cet avantage, il avait une grace et une aisance naturelles qui empêchaient qu'on ne donnât à sa
taille une attention exclusive. Ce n'était qu'en la comparant à celle des personnes avec qui il se trouvait, qu'on
s'apercevait qu'il avait plus de six pieds (1). Par tous ses
avantages extérieurs, Halbert avait un avantage décidé
sur Piercy Shafton, qui était plus petit et moins bien
proportionné, quoique, au total, d'un extérieur agréable. Mais le chevalier en était dédommagé en possédant
des traits plus réguliers, une figure plus gracieuse, et
une peau plus blanche que le jeune Écossais, dont la
physionomie était moins belle que fortement prononcée, et dont l'influence du soleil, à laquelle il était
sans cesse exposé, avait couvert les joues, le cou et le
front, d'une couleur basanée qui n'y laissait apercevoir
ni lis ni roses. Ses yeux bruns avaient tant d'éclat que,
lorsqu'ils étaient animés, ils semblaient lancer des jets
de lumière, et ses cheveux noirs, bouclés naturellement, complétaient un ensemble qui annonçait plus de
hardiesse et de fierté qu'on n'aurait dû l'attendre de sa
situation dans le monde.

Quant aux vêtemens qu'il portait en ce moment, ils
n'étaient pas propres à faire valoir ses avantages extérieurs. Il avait une veste et un pantalon de chasse de
gros drap vert, avec une toque de même étoffe. Une
ceinture de cuir servait à soutenir l'épée dont nous
avons déjà parlé; cinq à six flèches et un poignard à
garde de corne. En décrivant son costume, nous ne devons pas oublier une paire de bottines de daim, qui

(1) Six pieds anglais, bien entendu, environ cinq pieds huit à
neuf pouces. — Éd.

pouvaient à volonté se lever jusqu'aux genoux, ou re-
tomber sur le gras de la jambe, telles qu'en portaient à
cette époque ceux qui, par goût ou par nécessité, par-
couraient souvent les bois, et qui se trouvaient, par ce
moyen, à l'abri des ronces et des épines.

Tel était Halbert Glendinning quand il entra dans
l'appartement où dînait l'abbé Boniface avec sa suite;
mais il serait plus difficile de bien décrire son maintien
et la manière dont son ame parlait par ses yeux, quand
il se vit dans la compagnie de ceux qu'il avait appris,
dès son enfance, à regarder avec respect et vénération.
L'embarras qu'on pouvait remarquer en lui n'avait
rien d'abject ni de servile; c'était celui qui convenait à
un jeune homme ardent et ingénu, mais sans expérience, qui, pour la première fois, allait parler et agir
dans une compagnie où il ne s'était jamais trouvé, et
dans des circonstances désavantageuses pour lui. Un
véritable ami n'aurait pu vouloir retrancher quelque
chose de sa timidité, ni ajouter à son assurance.

Il fléchit le genou, baisa la main de l'abbé; puis il se
releva, recula de deux ou trois pas pour saluer le reste
de la compagnie, dont il ne connaissait que le sous-
prieur, qui lui fit un signe d'encouragement; il rougit
en rencontrant les yeux de Marie Avenel, qui attendait
avec inquiétude l'espèce d'épreuve à laquelle son frère
de lait allait être soumis. Mais s'étant remis du trouble
passager dans lequel ce regard l'avait jeté, il attendit
d'un air calme que l'abbé lui adressât la parole.

L'expression ingénue de sa physionomie, son air de
noblesse, son maintien plein de grace, ne manquèrent
pas de prévenir en sa faveur les membres du clergé en
présence desquels il se trouvait. L'abbé jeta sur le sous-

prieur un regard d'approbation, quoique probablement la nomination d'un garde des forêts fût une affaire qu'il était disposé à prendre sur lui de terminer
sans demander son avis, ne fût-ce que pour montrer
son indépendance. Le père Eustache jouissait du plaisir
que goûte un bon cœur en voyant accorder un bienfait
à celui qui en est digne; car, n'ayant pas vu Halbert
depuis le changement matériel que les circonstances
avaient produit en lui, il ne doutait pas, malgré l'espèce d'incertitude qu'Elspeth avait montrée, que cette
place ne convînt parfaitement à un jeune homme bouil-
lant, ami de la chasse, et ne pouvant s'astreindre à aucune occupation régulière ou sédentaire. Les frères
cuisinier et sommelier furent surtout tellement char-
més de l'extérieur d'Halbert, qu'ils pensèrent que personne ne mériterait mieux d'avoir les quatre marcs
d'argent, la soupe, le mouton, l'ale, le droit de pâture,
le pourpoint, etc., etc.

Sir Piercy Shafton, soit qu'il fût profondément occupé de ses réflexions, soit que l'objet dont il s'agissait
lui parût indigne de son attention, semblait totalement
étranger à la scène qui se passait devant lui. Il changeait d'attitude de temps en temps pour déployer successivement toutes ses graces, et jetait alors un coup
d'œil sur la classe féminine de la compagnie, afin de
voir s'il avait réussi.

La fille du meunier était la seule qui eût le temps
d'admirer le manège du chevalier; Marie Avenel et
mistress Glendinning attendaient avec inquiétude la
réponse que ferait Halbert, et craignaient les conséquences d'un refus qu'elles prévoyaient.

La conduite d'Édouard, pour un jeune homme natu-

rellement réservé, respectueux et même timide, fut en
même temps noble et affectueuse. Il s'était retiré mo-
destement dans un coin, après que l'abbé, à la prière
du père Eustache, l'avait honoré de quelques questions
sur les progrès qu'il avait faits dans le Donat et dans le
Promptuarium parvulorum, sans écouter ses réponses. Il
vint alors derrière son frère, passa la main droite sous
son bras gauche, et, en le pressant doucement, lui fit
connaitre l'intérêt qu'il prenait à sa situation, et la résolution qu'il avait formée de partager son destin.

Ce groupe était ainsi disposé quand, après une pause
de deux ou trois minutes, que l'abbé employa à boire
à petites gorgées un verre de vin, afin de faire ensuite
sa proposition avec toute la dignité convenable, il
adressa la parole à Halbert dans les termes suivans :

— Mon fils, nous, votre supérieur légitime, abbé,
par la grace de Dieu, du monastère de Sainte-Marie,
nous avons entendu parler des divers talens dont le ciel
vous a doué; notamment de votre adresse à la chasse;
de la manière dont vous tuez votre gibier, comme le
doit faire un chasseur qui ne veut pas abuser des dons
de Dieu en gâtant la chair des créatures dont il nous
a permis de nous nourrir, ce qui n'arrive que trop souvent à des gardes négligens ou maladroits. — Ici il fit
une pause; et voyant que Glendinning ne répondait à
ce compliment que par une inclination de tête, j'ap-
prouve votre modestie, mon fils, continua-t-il; je n'ai
pas besoin d'entendre vos louanges sortir de votre
propre bouche, et votre conduite me confirme dans la
résolution que j'avais déjà formée de vous nommer
garde en second des bois des domaines de Sainte-Marie.
Agenouillez-vous, mon fils, afin que, sans perdre de

temps, nous vous conférions cette place importante.

— A genoux! dit le frère sommelier, qui était à la gauche.

— A genoux! répéta le frère cuisinier, placé à sa droite.

Mais le genou d'Halbert ne fléchissait pas.

— Je ne pourrais, répondit-il à l'abbé, m'agenouiller assez profondément devant Votre Révérence, ni rester assez long-temps à genoux pour vous témoigner ma reconnaissance de vos offres; mais je ne puis fléchir le genou pour recevoir l'investiture des fonctions que votre générosité me destinait, étant déterminé à chercher fortune par d'autres moyens.

— Que veut dire cela? dit l'abbé en fronçant les sourcils; est-ce vous, né vassal de l'abbaye, et au moment où je vous donne une telle preuve de bienveillance, qui vous proposez de quitter son service?

— Je serais désespéré, dit Halbert, que Votre Révérence pût croire que je ne sens pas assez vivement le prix de ses bontés. Mais votre offre généreuse ne fait qu'accélérer l'exécution d'un projet que j'avais formé depuis long-temps.

— En vérité! dit l'abbé : vous avez appris de bonne heure à former des projets sans consulter ceux de qui vous dépendez naturellement. Et peut-on savoir en quoi consistent vos sages résolutions?

— A abandonner à mon frère et à ma mère la portion qui m'appartient dans le fief de Glendearg, ci-devant possédé par mon père; et, après avoir supplié Votre Révérence de continuer à être pour eux un maître aussi bon, aussi généreux que vous l'avez toujours été, d'aller chercher fortune ailleurs.

Elspeth, enhardie par la sollicitude maternelle, se hasarda ici à rompre le silence, et s'écria : — O mon fils ! mon fils ! tandis qu'Édouard lui disait à l'oreille sur le même ton : — Mon frère ! mon frère !

Le sous-prieur prit l'affaire plus au sérieux, sachant que l'amitié qu'il avait toujours témoignée à la famille Glendinning lui donnait le droit d'adresser une réprimande à Halbert.

— Jeune insensé ! lui dit-il, quelle folie peut te déterminer à repousser la main qui s'étend pour te faire du bien ? Tes idées visionnaires te conduiront-elles à quelque but qui t'indemnisera de l'état honnête et indépendant que tu leur sacrifies ?

— Quatre marcs d'argent par an, bien et duement payés, dit le frère sommelier.

— Le droit de pâture, dit le frère cuisinier, un tonneau de double ale, six livres.....

— Paix ! mes frères, dit le sous-prieur. Votre Révérence, ajouta-t-il en s'adressant à l'abbé, daignera-t-elle à ma prière accorder à ce jeune homme malavisé un jour pour faire ses réflexions ? Je lui parlerai de manière à lui faire sentir ce qu'il vous doit, ce qu'il doit à sa famille, ce qu'il se doit à lui-même.

— La bonté de Votre Révérence, dit Halbert, mérite tous mes remerciemens. C'est une suite des faveurs que vous m'avez accordées, et dont je suis pénétré de reconnaissance. C'est ma faute et non la vôtre si je n'en ai pas mieux profité. Mais ma résolution est fixe et inébranlable. Je ne puis accepter les offres bienfaisantes du très-révérend abbé. Mon destin m'appelle ailleurs.

— Par la sainte Vierge ! dit l'abbé, il faut que ce

jeune homme soit fou, ou que vous l'ayez bien jugé, sir Piercy; car vous m'aviez fait entendre qu'il ne conviendrait pas à la place que je lui destinais. Vous connaissiez peut-être son humeur?

— Non, sur mon ame, répondit sir Piercy Shafton avec l'air d'indifférence qui lui était habituel : je l'ai jugé d'après sa naissance et son éducation. Le noble faucon ne sort pas d'un œuf d'épervier.

— C'est toi qui n'es qu'un épervier! s'écria Halbert sans hésiter un seul instant.

— Parler ainsi en notre présence, et à un homme de distinction! s'écria l'abbé, le sang lui montant au visage.

— Oui, dit Halbert, c'est en présence de Votre Révérence que je rejette sur le front de cet homme orgueilleux l'insulte qu'il a osé me faire. C'est une justice que je dois à mon père, mort les armes à la main pour la défense de sa patrie.

— Jeune homme mal élevé! s'écria l'abbé.....

— Je prie Votre Révérence de me pardonner si je l'interromps, dit sir Piercy Shafton avec le plus grand sang-froid; mais je vous conjure de ne pas vous mettre en colère contre ce jeune villageois. Croyez-moi, le vent du nord arrachera de sa base un de vos rochers, avant que Piercy Shafton soit seulement ému de tout ce que peut dire un paysan mal élevé, tant j'y attache peu d'importance.

— Quelque fier que vous soyez de votre prétendue supériorité, sire chevalier, dit Halbert, ne répondez pas de conserver toujours votre sang-froid.

— Sur mon honneur, ce n'est pas toi qui me le feras perdre.

— Eh bien, connais-tu ceci ? lui demanda Halbert en lui montrant l'aiguille d'or que la Dame Blanche lui avait donnée.

Jamais on ne vit une transition si rapide de la tranquillité la plus méprisante à la colère la plus furieuse, que celle qui se fit remarquer en ce moment en sir Piercy Shafton. Tous ses membres frémissaient de rage, son visage était écarlate, ses traits étaient défigurés par des convulsions, et il ressemblait à un possédé. Il serra le poing, et en menaça Glendinning, qui était lui-même interdit en voyant la fureur qu'il avait occasionée. Mais, au lieu de le frapper, il se frappa lui-même le front, et sortit de l'appartement dans un état d'agitation inexprimable. Tout cela se passa si promptement, que personne n'eut le temps d'intervenir.

Après le départ de sir Piercy Shafton, la surprise causa un moment de silence, après quoi on demanda d'une voix unanime qu'Halbert expliquât par quel moyen il avait causé un changement si inconcevable dans la conduite du chevalier anglais.

— Je n'ai fait que ce que vous avez vu tous, répondit Glendinning. Suis-je responsable de son humeur fantasque ?

— Jeune homme, dit l'abbé d'un ton d'autorité, ces subterfuges sont inutiles. Sir Piercy n'est pas homme à sortir de son caractère sans en avoir de fortes raisons. Vous les connaissez, et il faut que vous nous les fassiez connaître. Je vous ordonne donc, si vous ne voulez pas que j'aie recours à des mesures plus sévères, de m'expliquer par quels moyens vous avez forcé sir Piercy Shafton à sortir de notre compagnie.

— Je n'ai fait que lui montrer ceci, répondit Halbert

en remettant la mystérieuse aiguille à l'abbé, qui l'examina attentivement, remua la tête, et la passa au sous-prieur sans prononcer un seul mot.

Le père Eustache la considéra avec la même attention, et, s'adressant à Halbert d'un ton sévère : — Jeune homme, lui dit-il, si vous ne voulez que nous concevions d'étranges soupçons, apprenez-nous sur-le-champ d'où vous vient cette aiguille, et comment elle possède une telle influence sur sir Piercy Shafton?

Il aurait été fort difficile à Halbert, serré de si près, d'éviter de répondre à une question si embarrassante. Avouer la vérité aurait pu dans ce siècle le conduire au bûcher, de même que dans le nôtre cela n'aurait servi qu'à le faire accuser d'imposture grossière. Heureusement sir Piercy Shafton rentra fort à propos.

Il avait entendu la question du sous-prieur; et, en passant près d'Halbert, il lui dit : — Silence! tu auras la satisfaction que tu as osé désirer.

Un reste d'agitation se faisait encore remarquer sur son visage quand il reprit sa place à table; cependant, reprenant son sang-froid, il jeta les yeux autour de lui, et pria la compagnie d'excuser son étrange conduite, qu'il attribua à une indisposition violente et soudaine. Tout le monde garda le silence, chacun regardant son voisin d'un air de surprise.

L'abbé donna ordre que tout le monde se retirât, excepté sir Piercy et le sous-prieur.

— Et qu'on ait l'œil, ajouta-t-il, sur cet audacieux jeune homme. S'il a employé un charme ou un maléfice contre cet honorable chevalier, je jure, par l'aube et la mitre que je porte, que je lui ferai subir une punition exemplaire.

— Votre Révérence peut être tranquille, dit Halbert;
j'attendrai sa sentence sans inquiétude. Je pense que
ce chevalier vous apprendra quelle est la cause qui l'a
ainsi agité, et combien j'y ai eu peu de part.

— Soyez assuré, dit sir Piercy sans lever les yeux
sur lui, que je donnerai toute satisfaction au révérend
abbé.

Quand l'abbé, le sous-prieur et le chevalier anglais
furent seuls, le père Eustache, contre sa coutume, ne
put s'empêcher de parler le premier.

—Noble chevalier, lui dit-il, expliquez-nous par quels
moyens mystérieux la vue de cette aiguille d'or a pu
exciter votre colère et vous causer tant d'agitation,
après que vous aviez opposé tant de patience aux pro-
vocations de ce jeune homme bizarre et téméraire?

Sir Piercy prit l'aiguille des mains du bon père, la
tourna et la retourna dans les siennes d'un air d'indifférence, et, après l'avoir examinée un instant, il la lui
rendit en lui disant:

— En vérité, révérend père, je suis surpris qu'avec
la sagesse qu'annoncent vos cheveux blancs, et le rang
distingué que vous occupez dans votre ordre, vous ayez
pris le change (excusez la comparaison) comme un
chien mal dressé. Il faudrait que je fusse plus facile à
émouvoir que les feuilles du tremble, que le moindre
souffle agite, pour que la vue d'une pareille babiole ait
pu produire sur moi l'effet dont vous venez d'être témoin. Le fait est que, depuis ma jeunesse, je suis sujet
à des attaques d'une maladie cruelle dont vous avez vu
un des accès. C'est une douleur inouïe qui me déchire
les nerfs, qui pénètre jusqu'à la moelle de mes os, et
qui me jette dans des convulsions. Mais si elle est vio-

9.

lente elle n'est pas de longue durée, comme vous en avez la preuve.

— Mais, dit le sous-prieur, cela n'explique pas pourquoi ce jeune homme fougueux vous a montré ce que vous nommez une babiole comme un objet dont la vue devait réveiller en vous quelque souvenir, et, à ce qu'on peut conjecturer, un souvenir peu agréable.

— Votre Révérence est bien libre de conjecturer ce que bon lui semblera; mais je ne puis me charger de vous mettre sur la voie, quand je vois que vous êtes en défaut. J'espère que je ne suis pas obligé de rendre compte des motifs qui font agir un jeune extravagant.

— Assurément, répondit le sous-prieur, nous ne pousserons pas plus loin une enquête qui paraît être désagréable à notre hôte. Cependant cet événement changera peut-être le projet que vous aviez formé de passer quelque temps dans cette tour dont la situation écartée et solitaire vous offrait l'asile secret que votre position vous rend nécessaire?

— Je n'en connais pas un meilleur dans tous les domaines de Sainte-Marie, dit l'abbé; et cependant je n'ose vous engager à y rester, d'après l'insolence de ce jeune homme sans éducation.

— Allons donc, mes révérends pères, s'écria le chevalier: pour qui me prenez-vous? Je vous proteste que, si j'avais la liberté du choix, je choisirais cette maison de préférence à toute autre. Je ne suis pas fâché de voir un jeune homme montrer de la vivacité, quand même une étincelle de sa colère me tombe sur la tête. Je veux rester ici et être ami du bon villageois. Nous chasserons un daim ensemble; je veux voir s'il est aussi bon tireur qu'on le prétend. Je vous réponds, vénérable abbé, que nous vous enverrons incessamment un daim tué avec assez d'adresse pour satisfaire le digne frère cuisinier.

Il parla ainsi avec une telle apparence d'aisance et de bonne humeur, que l'abbé ne fit plus aucune observation sur ce qui s'était passé ; mais il lui détailla tout ce qu'il comptait lui envoyer du monastère pour rendre plus agréable son séjour à la tour de Glendearg. Ce discours, assaisonné de quelques verres de vin, occupa le temps jusqu'au moment où l'abbé ordonna qu'on se préparât à retourner au monastère.

—Comme dans ce pénible voyage, dit-il à ses moines à l'instant du départ, nous avons perdu notre méridienne (1), je dispense ceux d'entre vous qui se trouveront fatigués d'assister cette nuit à primes (2), et cela par forme de miséricorde (3) ou *indulgentia*. Il donna alors sa bénédiction à toute la maison rassemblée ; présenta sa main à Elspeth pour qu'elle la baisât ; embrassa sur la joue Marie Avenel et même Mysie Happer qui se présentaient pour faire la même cérémonie ; recommanda à Halbert d'être moins violent, et de rendre obéissance et respect au chevalier anglais ; dit à Édouard de continuer à être *discipulus impiger atque strenuus;* conseilla à sir Piercy de se montrer le moins possible, de

---

(1) L'heure de repos après midi. Ce sommeil était nécessaire aux moines du moyen âge, à cause de leurs veilles nocturnes. — Éd.

(2) *Primes*, service nocturne des moines. — Éd.

(3) *Miséricorde*, selon Fosbrooke dans son savant ouvrage sur le *Monachisme britannique*, signifiait non-seulement *indulgence* ou exemption de certains devoirs, mais encore un appartement particulier du couvent où les moines s'assemblaient pour jouir des indulgences accordées par exception à la règle. — Éd.

crainte que des maraudeurs anglais ne fussent chargés
de s'emparer de sa personne ; et, après avoir rempli
ces différens devoirs de politesse, se rendit dans la cour
suivi de tout son cortège. Là, avec un soupir qui pouvait passer pour un gémissement, le vénérable père se
hissa sur son palefroi dont la selle était couverte d'une
housse de pourpre qui tombait jusqu'à terre ; et réfléchissant avec un certain plaisir que la tranquillité de
son coursier ne serait plus troublée par les caracoles
de celui du chevalier, il lui fit prendre l'amble, et se
mit en route pour le monastère.

Le sous-prieur, étant monté à cheval pour suivre son
supérieur, chercha des yeux Halbert, qui, caché en
partie derrière un mur d'appui, se tenait à l'écart, regardant la cavalcade qui se préparait à partir, et le
groupe qui l'entourait. Peu content des explications qui
lui avaient été données relativement à l'aiguille mystérieuse, et prenant intérêt à ce jeune homme dont il s'é-
tait formé une idée favorable, il avait résolu de saisir la
première occasion pour lui faire subir un nouvel inter-
rogatoire à ce sujet. L'ayant enfin aperçu, il lui fit ses
adieux par une inclination de tête, mais d'un air sérieux, et en levant un doigt en l'air comme pour l'inviter
à la prudence. Il se joignit alors à la cavalcade, et descendit la vallée à côté de son supérieur.

CHAPITRE XX.

DU MONASTÈRE.

» Vous allez me montrer vos titres de noblesse,
» Et, l'épée à la main, je vous ferai raison,
» Comme il convient à gens d'honneur et de renom.
» Ma demande, je crois, vous paraît raisonnable.
» Suivez-moi, s'il vous plaît, l'instant est favorable. »

Le Pèlerinage de l'Amour.

Le regard que le sous-prieur avait jeté sur Halbert Glendinning en partant, et l'avis qu'il lui avait donné par un signe de la main, pénétrèrent jusqu'à l'ame du jeune homme ; car, quoiqu'il eût moins profité qu'Édouard des instructions du digne père, il avait conçu pour lui autant d'affection que de respect. Le peu de temps qu'il avait eu pour réfléchir avait suffi pour lui démontrer qu'il était engagé dans une aventure périlleuse. Il ne pouvait pas même conjecturer quelle était la nature de l'offense qu'il avait faite à sir Piercy Shaf-ton, mais il voyait qu'elle était mortelle, et il fallait maintenant qu'il en attendît les conséquences.

Pour ne pas les accélérer par un renouvellement pré-maturé d'hostilités, il résolut de faire une promenade dans les environs, pour songer à la manière dont il abor-derait cet orgueilleux étranger. L'instant était favorable pour le faire sans avoir l'air de le fuir, car tous les membres de la famille s'étaient dispersés, soit pour re-prendre leurs occupations, qui avaient été interrom-pues par la visite de leurs hôtes, soit pour remettre en ordre tout ce qu'il avait fallu déranger pour les recevoir.

Sortant donc de la tour sans être observé, du moins il le croyait, il descendit la petite colline sur laquelle elle était située, et s'avança dans une prairie qui allait jusqu'au premier détour que faisait la rivière dans la vallée, pour gagner un bouquet de chênes et de bou-leaux qui pouvaient le soustraire à tous les yeux. A peine y était-il arrivé qu'il se sentit frapper sur l'épaule; il se retourna, et reconnut sir Piercy Shafton, qui l'a-vait suivi de très-près.

Quand le manque de confiance dans la justice de notre cause ou quelque autre motif fait vaciller un peu notre courage, rien ne nous déconcerte plus que de trouver dans notre antagoniste une apparence de promp-titude. Halbert Glendinning, quoique naturellement intrépide, ne put se défendre d'un certain trouble en voyant l'étranger dont il avait provoqué le ressentiment, paraître devant lui avec des dispositions qui n'avaient rien de pacifique. Mais, quoique son cœur pût battre un peu plus vite, il avait trop de fierté pour laisser voir aucun signe d'émotion.

— Que désirez-vous de moi ? sire chevalier ! lui demanda-t-il sans se laisser déconcerter par tout ce qu'il y avait de menaçant dans l'air de son antagoniste.

— Ce que je désire de vous ? répéta sir Piercy : la demande est plaisante, après la manière dont vous avez agi à mon égard. Jeune homme, je ne sais quelle infatuation t'a conduit à te mettre insolemment en opposition directe contre un homme qui reçoit l'hospitalité de ton seigneur, l'abbé de Sainte-Marie, et qui même, par la raison seule qu'il se trouvait sous le toit de ta mère, avait droit de n'y être exposé à aucune insulte. Je ne te demande pas, je m'inquiète peu de savoir par quels moyens tu as obtenu la connaissance du fatal secret qui peut me déshonorer, mais je te dis que cette connaissance te coûtera la vie.

—J'espère le contraire, répliqua Halbert hardiment, si mon bras et mon sabre peuvent la défendre.

— Loin de moi l'idée de te priver des moyens d'une juste défense ; je suis seulement fâché de penser que, jeune et sans expérience comme tu l'es, elle ne te sera pas de grande utilité, et je dois te prévenir que ce sera un combat à mort; que tu ne dois attendre aucun quartier.

— Sois bien sûr, homme orgueilleux, que je ne te le demanderai pas. Tu parles comme si j'étais tombé sous tes coups. J'ignore quel sera mon destin, mais je te promets bien que, si je succombe, je n'implorerai pas ta merci.

— Tu n'as donc dessein de rien faire pour détourner le destin qui te menace ?

— Et que faudrait-il que je fisse? demanda Halbert,

plutôt pour connaître les intentions du chevalier, que dans le dessein de s'abaisser à aucune soumission.

— M'expliquer à l'instant, sans équivoque et sans subterfuge, par quels moyens tu t'es trouvé en état de faire à mon honneur une blessure si profonde; et si tu peux me désigner un ennemi plus digne de mon ressentiment, je pourrai permettre à ton obscure insignifiance de jeter un voile sur ton insolente conduite.

— C'est le prendre sur un ton un peu trop haut, répondit Glendinning avec fierté, et ta présomption mérite d'être réprimée. Tu es arrivé dans la maison de ma mère, exilé, fugitif, et tu ne nous a montré que hauteur et dédain. C'est à ta conscience à te dire par quels moyens je me suis trouvé en état de te rendre mépris pour mépris. Il me suffit de réclamer le privilège d'un Écossais de naissance libre, qui n'a jamais souffert une injure sans y répondre par une autre, ni un outrage sans vengeance.

—· Il suffit, dit sir Piercy Shafton. Demain matin à la pointe du jour nous réglerons cette affaire les armes à la main. Tu fixeras le lieu du combat, et nous sortirons comme pour aller à la chasse.

— D'accord. Je te conduirai dans un endroit où cent hommes pourraient se battre, et périr sans que personne vînt les interrompre.

—· Fort bien. Maintenant séparons-nous. Bien des gens croiraient déroger en consentant à se mesurer avec le fils d'un vassal de l'Église; mais nulle considération ne peut m'empêcher de te punir de l'insulte que tu m'as faite. Songe bien que devant les habitans de la tour nous ne devons paraître avoir aucun ressentiment l'un contre l'autre. Il sera temps d'y songer demain.

A ces mots, il quitta Halbert, et reprit le chemin de la tour.

Il est bon de remarquer que sir Piercy, dans toute cette conversation, n'avait employé aucune de ces fleurs de rhétorique dont il ornait tous ses discours. Il ne s'y était pas même glissé une seule comparaison. Le ressentiment de l'injure qu'il avait reçue et le désir de s'en venger, l'occupaient sans doute trop fortement pour qu'il pût songer à l'affectation ridicule dont il avait contracté l'habitude. Animé d'une énergie dont il n'avait pas encore donné de preuves depuis son séjour à Glendearg, jamais sir Piercy Shafton n'avait paru aux yeux de son jeune antagoniste mériter tant d'estime et de respect qu'il lui en inspira dans cette courte conférence; et Halbert, en le suivant à pas lents à la tour, ne put s'empêcher de reconnaître que, si le chevalier anglais s'était toujours montré de la sorte, il n'aurait pas été si prompt à s'offenser de ses discours. Quoi qu'il en soit, la querelle qui les divisait était mortelle, et les armes seules pouvaient la vider.

La famille s'étant réunie pour le souper, sir Piercy Shafton daigna faire participer plus de monde aux graces de sa conversation. La plus grande partie de ses attentions furent prodiguées, comme on le juge bien, à son inimitable et divine Discrétion, ainsi qu'il lui plaisait de nommer alors Marie Avenel; mais il adressa aussi quelques complimens élégamment tournés à la jolie meunière, sous le nom d'aimable damoiselle, et même à la maîtresse de la maison, sous celui de digne matrone. De peur que les charmes de sa rhétorique ne fussent insuffisans pour captiver l'admiration, il y ajouta ceux de sa voix; et, sans attendre qu'on l'en priât, régala la

compagnie d'une chanson composée, dit-il, par l'inimitable Astrophel, que les mortels nommaient Philippe
Sydney, pendant que sa muse était encore mineure,
afin de montrer au monde ce qu'on devait en attendre
quand elle aurait atteint sa majorité. Ces vers, ajouta-
t-il, verront quelque jour la lumière dans cet incomparable chef-d'œuvre de l'esprit humain qu'il a adressé
à sa sœur l'admirable Parthénope, que les hommes ap-
pellent la comtesse de Pembroke. Son amitié a daigné
me communiquer cette production de sa muse, tout
indigne que j'en suis ; et je puis bien dire que tout ce
qu'il y a de mélancolique est si bien adouci par de brillantes similitudes, de douces descriptions, des vers si
délicieux, des intermèdes si séduisans, que rien ne ressemble davantage aux étoiles qui ornent la noire robe
de la nuit. Les chants exquis vont souffrir beaucoup du
veuvage de ma voix privée de son compagnon chéri, le
violoncelle ; cependant j'essaierai de vous donner un
avant-goût de la ravissante poésie de l'inimitable Astrophel.

Après cet éloge, il chanta sans pitié ni remords environ cinq cents vers dont nous ne citerons pour échantillon que les deux premiers et les quatre derniers.

Quelle bouche dira ses qualités parfaites?
Une seule suffit pour charmer les poètes.
. . . .
. . . .
Pour la louer par des vers dignes d'elle,
La bonté tient la plume, et la gloire immortelle
Nous a fourni pour encre un suc particulier;
Et pour finir, le ciel sert de papier.

Comme sir Piercy Shafton avait l'habitude de tou-

jours chanter les yeux à demi-fermés, ce ne fut que
lorsqu'il eut fini, comme l'annonçait son dernier vers,
que, regardant autour de lui, il vit que la majeure
partie de son auditoire avait cédé aux charmes du repos.
Marie Avenel combattait le sommeil par politesse, et
entr'ouvrait un œil de temps en temps ; mais Mysie était
transportée en esprit dans le moulin de son père, et
dormait au milieu des sacs de farine. Édouard lui-même,
qui avait écouté pendant quelque temps avec beaucoup
d'attention, avait succombé sous l'influence soporifique
de la poésie de l'inimitable Astrophel ; et le nez de mistress Glendinning, si elle avait su en régler les modu-
lations, aurait pu servir de basse pour accompagner la
voix du chanteur : Halbert seul, résistant au sommeil,
avait les yeux fixés sur le chevalier, non que les paroles
ou le chant l'amusassent plus que le reste de la compagnie, mais parce qu'il admirait et qu'il enviait peut-
être le calme que montrait sir Piercy Shafton, quand
la matinée du lendemain devait être consacrée à un
combat mortel. Il remarqua même que le chevalier
jetait de temps en temps sur lui un coup-d'œil à la dé-
robée, comme pour vérifier quel effet produisait sur
l'esprit de son antagoniste le sang-froid et la sérénité
d'ame.

— Il ne verra sur mon visage, pensa Halbert, rien
qui puisse lui faire présumer que je sois plus inquiet ou
plus troublé que lui.

Et tout en l'écoutant, il se mit à préparer des lignes
pour la pêche, cherchant à lui prouver par là qu'il n'é-
tait pas moins indifférent sur ce qui devait se passer le
lendemain. Il amorça ainsi plus de six hameçons (et
pour l'instruction de ceux qui admirent l'antiquité de

l'art de la pêche, nous sommes à même de dire qu'il se
servait de fil brun pour cet usage.)

Il était tard quand sir Piercy finit les longues strophes
du divin Astrophel, et chacun, se levant de table, se pré-
para à aller dormir plus commodément dans son lit. Il
s'approcha de mistress Glendinning, et lui dit qu'il
avait proposé à son fils Albert...

— Halbert (1)! dit Elspeth avec emphase, Halbert,
comme son aïeul Halbert Brydone.

— Eh bien donc! reprit sir Piercy, j'ai prié votre fils
Halbert d'être matinal pour aller relancer un daim. —
Je veux voir, ajouta-t-il, s'il est véritablement aussi
adroit qu'on le prétend.

— Hélas! sire chevalier, répondit dame Elspeth, il
ne l'est que trop, et cela n'est pas étonnant, puisqu'il a
toujours en main quelque instrument de destruction.
Au surplus, il est à votre disposition, et j'espère que
vous lui ferez sentir qu'il doit obéissance à notre vénérable seigneur l'abbé de Sainte-Marie, et que vous le dé-
terminerez à accepter une place qui présente de si
grands avantages, comme le disaient fort bien les deux
frères.

— Fiez-vous à moi, digne matrone, répondit sir
Piercy : je me propose de l'endoctriner de manière à ce
qu'il ne manque jamais au respect et à la soumission
qu'il doit à ceux qui sont au-dessus de lui. Ainsi donc,
dit-il à Halbert en se tournant vers lui, nous nous re-
joindrons au bout de la prairie dans le bouquet de bou-
leaux. Halbert ne répondit que par un signe indiquant

_____

(1) La prononciation de *H* est plus sensible en anglais qu'en
français. — ÉD.

qu'il s'y trouverait. Maintenant, continua le chevalier, après avoir souhaité à mon adorable Discrétion la compagnie de ces songes agréables qui voltigent autour du lit de la beauté, les faveurs de Morphée à cette aimable damoiselle, et une bonne nuit à tout le reste de la compagnie, je vais vous demander la permission d'aller prendre un peu de repos, quoique je puisse dire avec le poète :

> Qu'est-ce que le repos? changement de posture.
> Qu'est-ce que le sommeil? faiblesse de nature.
> Qu'est-ce qu'un lit? coussin d'épines tout criblé.
> Il n'est repos, sommeil, ni lit pour l'exilé.

Il sortit alors de l'appartement, sans écouter Elspeth qui l'assurait qu'il ne trouverait pas une épine dans son lit, et qu'il y reposerait d'autant mieux qu'on venait d'apporter entre autres choses, de l'abbaye de Sainte-Marie, un excellent lit de plumes et des courtepointes de duvet.

— C'est un homme fort aimable, dit Elspeth après qu'il fut parti, quoiqu'il soit un peu fantasque (1), et il sait de jolies chansons quoiqu'elles soient un peu longues. Sa compagnie est certainement fort agréable. Je voudrais bien savoir quand il compte s'en aller.

La bonne dame donna alors à sa famille le signal et l'exemple du départ, après avoir bien recommandé à Halbert de ne pas oublier le rendez-vous qu'il avait pour le lendemain avec sir Piercy Shafton.

Étendu sur son lit dans la même chambre que son

(1) *Humourous*. L'emploi de ce mot donne lieu à une note de l'auteur, qui justifie le sens de *fantasque* qu'il lui donne par une citation de Shakspeare. — ED.

10.

frère, Halbert put porter envie sans crime au sommeil
qui ferma sur-le-champ les paupières d'Édouard, tandis
qu'il refusait de répandre sur lui son influence. Il ne
voyait que trop bien alors que l'esprit mystérieux, en
lui accordant la demande qu'il lui avait faite si impru-
demment, l'avait averti, quoique obscurément, qu'il
pourrait résulter quelque malheur de ce don funeste.
Il sentait tous les dangers et tous les chagrins dont sa
famille était menacée, soit qu'il triomphât, soit qu'il
succombât dans ce fatal duel. Quant à lui, s'il péris-
sait, tout était fini pour lui dans ce monde! mais il laisserait dans la détresse et dans l'embarras sa mère et son
frère; idée qui ne contribuait pas à rendre plus agréable l'image de la mort, déjà si affreuse par elle-même.
Sa conscience lui disait que la vengeance de l'abbé de
Sainte-Marie tomberait sur sa famille, à moins que la
générosité du vainqueur ne la détournât! Et Marie
Avenel! elle se trouverait enveloppée dans la même
ruine, il en serait l'auteur, et ne pourrait rien faire
pour elle.

Mais quelque sombre que fût la perspective qu'il
avait devant les yeux s'il était vaincu, elle se rembru-
nissait encore s'il était vainqueur. Que pouvait-il espérer de la victoire? La vie, et le plaisir d'avoir satisfait
son orgueil blessé. Les suites de son triomphe seraient
infailliblement plus funestes à sa mère, à son frère, à
Marie Avenel, que celles de sa défaite et de sa mort. Si
le chevalier anglais était vainqueur, il pouvait par générosité leur accorder sa protection; mais s'il succom-
bait, qui les mettrait à l'abri de la colère de l'abbé,
furieux d'avoir vu son hôte perdre la vie par les mains
d'un vassal dans la maison duquel il l'avait logé? Ainsi,

dans tous les cas, il ne voyait dans l'avenir que la ruine
de tout ce qu'il avait de plus cher, ruine dont il serait
le seul auteur. De telles réflexions devaient troubler
l'esprit d'Halbert, et priver ses yeux de sommeil.

Mais pouvait-il se soumettre à une humiliation qui
d'ailleurs ne le mettait pas hors de danger? Sa fierté se
révoltait contre l'idée d'avouer au chevalier l'étrange
circonstance qui l'avait mis en possession de l'aiguille
mystérieuse; et la raison, qui, en pareilles occasions, est
toujours prête à venir au secours de la fierté, lui disait
qu'en se dégradant ainsi, il ne commettrait qu'une bas-
sesse inutile. Si je conte une histoire si extraordinaire,
pensa-t-il, ne serai-je pas méprisé comme menteur, ou
puni comme sorcier? ¡Si ce chevalier anglais était généreux, noble, magnanime, comme ces champions
dont parlent les romans, je pourrais me faire entendre
de lui, et sortir sans avilissement de la situation pénible
où je me trouve: mais il est, ou du moins il paraît être
plein d'arrogance, de présomption et de vanité. Je
m'humilierais en vain devant lui. M'humilier! non, de
par Sainte-Marie! je n'en ferai rien! et dans une sorte
d'accès de fureur il saisit son épée qui était près de son
lit, la tira hors de son fourreau, et se mettant sur son
séant, il la brandit en l'air avec violence. Les rayons de
la lune, alors dans son plein, pénétrant par une étroite
croisée percée dans une muraille fort épaisse, dessi-
naient dans la chambre une bande lumineuse. Quelles
furent sa surprise et sa terreur, quand il aperçut devant lui une forme aérienne et transparente qu'il reconnut pour la Dame Blanche.

Jamais sa présence ne lui avait inspiré une semblable
émotion. Quand il l'avait naguère évoquée, il s'atten-

dait à la voir paraître et s'était armé de résolution
contre toutes les suites possibles de cette apparition.
Mais elle se présentait alors sans avoir été appelée ; sa
vue lui semblait le présage de quelque malheur, et il
éprouvait la crainte de s'être associé à un esprit infernal
dont il ne connaissait ni la puissance ni les dispositions,
et sur les volontés duquel il n'avait aucun empire. Il se
sentit donc glacé d'épouvante en l'entendant prononcer,
ou plutôt chanter les vers suivans :

> Celui qui porte un cœur altéré de vengeance
> Doit répandre le sang sans craindre de frémir.
> La fatale moisson que sème l'imprudence,
> C'est l'homicide acier qui doit la recueillir.

— Retire-toi, esprit du mal, s'écria Halbert : j'ai déjà
payé trop cher tes avis. Retire-toi, au nom du Dieu
vivant.

La Dame Blanche se mit à rire d'un air de mépris, et
en chantant les paroles suivantes, elle n'avait pas ce ton
de mélancolie qui accompagnait ordinairement tous ses
discours, elle semblait au contraire jouir d'un malin
plaisir.

> Deux fois de m'évoquer ta bouche eut l'assurance :
> De moi-même je viens pour la troisième fois :
> Je t'ai vu sans avoir désiré ta présence ;
> Sans m'avoir désirée à ton tour tu me vois.

Halbert céda à la terreur qu'il éprouvait, et appela
son frère à haute voix :

— Édouard ! Édouard ! pour l'amour de la sainte
Vierge, éveillez-vous !

Édouard, ouvrant les yeux, lui demanda ce qu'il
voulait.

— Regardez, regardez bien! Ne voyez-vous personne dans la chambre?

— Non, sur ma parole, répondit Édouard en regardant de tous côtés.

— Quoi! vous ne voyez rien au clair de lune, près de la fenêtre?

— Rien absolument; je ne vois que mon frère l'épée à la main, comme s'il avait une légion d'ennemis à combattre. C'est dans les armes spirituelles, Halbert, que je voudrais vous voir mettre votre confiance. Plus d'une fois je vous ai entendu parler en rêvant d'esprits, d'apparitions, de combats, et en ce moment vous rêvez tout éveillé. Croyez-moi, récitez un *pater* et un *credo*; mettez-vous sous la protection de Dieu, vous dormirez en repos et vous vous éveillerez sans agitation.

— Cela peut être, répondit Halbert les yeux fixés sur la Dame Blanche qui continuait toujours à être visible pour lui, cela peut être, mon cher Édouard; mais est-il possible que vous n'aperceviez personne dans la chambre?

— Personne, dit Édouard en se soulevant sur le coude et en regardant de tous côtés. Quittez votre épée, mon frère; faites une prière, et tâchez de vous endormir.

L'esprit en ce moment jeta sur Halbert un second regard de mépris, et disparut tout à coup. — Que Dieu me conserve la raison! s'écria-t-il, ne voyant plus le fantôme dont l'apparition lui avait fait appeler son frère. Et remettant son épée où il l'avait prise, il se recoucha.

— *Amen!* mon frère, répondit Édouard. Mais si nous invoquons le ciel dans nos afflictions, nous ne devons pas provoquer sa colère de gaieté de cœur. Que ce que je vais vous dire ne vous fâche point, Halbert. Je ne sais pourquoi vous vous êtes tellement éloigné de moi depuis quelque temps. Croyez-moi, j'en ai pleuré plus d'une fois en secret, quoique je n'aie pas voulu vous troubler dans vos promenades solitaires. Autrefois nous étions ensemble plus fréquemment. Il est vrai que je n'ai ni votre force ni votre courage; mais si je ne pouvais suivre le gibier avec la même ardeur que vous, ni le tuer avec autant d'adresse, en revanche, lorsque nous nous reposions sur le bord d'une fontaine ou sous un arbre, vous écoutiez avec plaisir le récit des histoires que j'avais lues ou que j'avais entendu raconter. Ai-je perdu votre affection ? Avez-vous quelque peine que vous n'osiez me confier ?

— Non, Édouard, non; vos craintes sont sans fondement, vos inquiétudes sont chimériques.

— Écoutez-moi, mon frère : les discours que vous tenez pendant votre sommeil, le rêve que vous faites en ce moment sans dormir, tout cela a rapport à des êtres qui n'ont rien de commun avec ce monde ni avec la race humaine. Notre bon père Eustache m'a appris que, quoiqu'il ne faille pas ajouter foi légèrement à toutes les histoires d'esprits et de spectres qu'on raconte, cependant les saintes Écritures nous autorisent à croire qu'il existe des êtres d'une nature différente de la nôtre. Ils se plaisent dans les endroits déserts et écartés, et font leur proie ou leur jouet de ceux qui fréquentent les mêmes lieux. Vous savez, comme moi, qu'il existe dans la vallée certains endroits qui ne jouissent pas d'une bonne réputation. N'y allez plus, Halbert, ou souffrez que je vous y accompagne. Pour faire face à ce danger, la force d'esprit est plus néces-

saire que celle du corps. Ce n'est pas que j'aie des pré-
tentions à une grande sagesse, mais j'ai du moins celle
que donne la connaissance des temps passés.

Il y eut un moment pendant ce discours où Halbert
fut bien près d'ouvrir son cœur à Édouard, et de lui
faire confidence du poids qui l'oppressait. Mais son
frère lui ayant dit ensuite que c'était le lendemain la
veille d'une grande fête, et que, toute affaire cessante,
il irait au monastère voir le père Eustache qui devait
occuper le confessionnal toute la journée, l'orgueil eut
le temps de venir fixer sa résolution chancelante. — Je
ne puis avouer une histoire si extraordinaire, pensa-
t-il ; on me prendrait pour un imposteur, ou pire. Je
ferai face à cet Anglais, et je verrai si son sabre est
mieux trempé, ou si son bras est plus fort que le mien.

L'orgueil, qui, dit-on, a sauvé l'homme, et même
la femme, de plus d'une chute, a encore plus d'influence sur l'esprit quand il embrasse la cause de la
passion, et il est rare qu'il ne triomphe pas de la conscience et de la raison. Halbert ayant une fois pris son
parti, quoique ce ne fût pas le plus sage, finit par s'endormir, et ne s'éveilla que le lendemain aux premiers
rayons du soleil.

CHAPITRE XXI.

―――

« Il se bat assez bien, et l'on voit aisément
» Qu'il manque de science et non pas de courage.
» Un rustre cependant peut, je ne sais comment,
» Sur un maître d'escrime obtenir l'avantage. »

Ancienne comédie.

La pâle lumière de l'aube jetait son premier rayon, lorsque Halbert Glendinning se leva; s'étant habillé à la hâte, il ceignit son épée, et prit une arbalète à la main, comme s'il n'eût pensé qu'à faire une partie de chasse. Il descendit à tâtons l'escalier tournant, que le jour naissant ne pouvait encore éclairer, et ouvrit la porte avec le moins de bruit possible. Lorsqu'il fut dans la cour, il porta les yeux sur la tour où sa famille reposait encore paisiblement, et vit un signal qu'on lui faisait avec un mouchoir. Présumant que c'était son antagoniste qui lui faisait signe de l'attendre, il s'arrêta; mais

il fut bien surpris en voyant arriver presque au même
instant Marie Avenel.

Il éprouva la même sensation qu'un coupable pris
en flagrant délit. C'était la première fois qu'il se trouvait à regret en présence de Marie. Elle lui demanda
où il allait, et le ton dont elle lui fit cette demande était
celui du reproche.

Il lui montra son arc, et il allait lui répondre par
le prétexte qu'il avait préparé, quand Marie l'interrompit.

— Non, Halbert, non, lui dit-elle, ce subterfuge
est indigne d'un homme dont la bouche n'a connu
jusqu'ici que la vérité. Vous ne méditez pas la mort
de quelque daim ; vous voulez vous battre avec cet
étranger.

— Et pourquoi me querellerais-je avec notre hôte?
demanda Halbert en rougissant.

— Beaucoup de raisons devraient vous en détourner,
répondit-elle, et pas une bonne ne peut vous y porter.
Et cependant tel est votre projet en ce moment.

— Qui peut vous le faire croire, Marie? dit Halbert
en tâchant de cacher son émotion. Il est l'hôte de ma
mère ; il est protégé par l'abbé de Sainte-Marie, qui est
notre seigneur ; sa naissance est illustre : pourquoi sup-
posez-vous que j'aie conçu tant de ressentiment pour
quelques paroles inconsidérées qu'il m'a adressées plutôt peut-être pour montrer son esprit que par méchan-
ceté de cœur ?

— Cette question même ne me laisse aucun doute sur
vos projets. Depuis votre enfance, vous avez toujours
été entreprenant, cherchant les dangers au lieu de les
éviter, aimant tout ce qui avait l'air d'aventure, dési-

rant les occasions de montrer du courage ! et ce n'est pas la crainte qui vous fera maintenant renoncer à votre résolution. Que ce soit donc la pitié, Halbert, la pitié pour votre bonne mère, que votre mort ou votre vic‑ toire privera également de la consolation et du soutien de ses vieux ans !

— Elle a mon frère Édouard, dit Halbert en se re‑ tournant.

— Oui, elle a le sage, le calme, le prudent Édouard, qui a votre courage, Halbert, sans avoir votre impé‑ tuosité, votre noble fierté, avec plus de raison pour la guider. Il n'entendrait ni sa mère, ni même sa sœur adoptive le supplier inutilement de ne pas courir à sa perte, et de ne pas leur arracher toute espérance de bonheur, toute assurance de protection.

L'orgueil d'Halbert se souleva encore à ce reproche.

— Eh bien ! dit-il, à quoi bon tant de discours ? Vous avez un protecteur plus sage, plus prudent, aussi brave que moi ; que vous faut-il de plus ? Je ne vous suis utile à rien ?

Il se détourna encore pour partir ; mais Marie lui mit la main sur le bras avec tant de douceur qu'à peine la put-il sentir, et cependant il lui fut impossible de faire un pas. Il s'arrêta, un pied en avant, pour sortir de la cour, mais si peu déterminé à partir, qu'il res‑ semblait à un voyageur retenu tout à coup par un charme, et conservant l'attitude du mouvement, sans pouvoir continuer sa route.

Marie Avenel profita de l'état d'incertitude où elle le voyait.

— Écoutez-moi, Halbert ; je suis orpheline, et le ciel même écoute les orphelins. J'ai été la compagne de

votre enfance; et, si vous me refusez une si faible demande, à qui Marie Avenel osera-t-elle jamais en adresser une ?

— Je vous écoute, ma chère Marie; mais hâtez-vous.
Vous vous méprenez sur la cause qui me fait sortir, il
ne s'agit que d'une partie de chasse, et...

— Ne parlez pas ainsi ; ce n'est pas à moi qu'il faut
tenir de pareils discours. Vous pouvez tromper les autres; mais moi, impossible. J'ai eu en moi, depuis ma
plus tendre jeunesse, je ne sais quoi qui me fait découvrir la fraude, et l'imposture ne peut me tromper.
J'ignore pourquoi le destin m'a accordé un tel privilège; mais quoique élevée dans l'ignorance en cette vallée
écartée, mes yeux aperçoivent souvent ce que le cœur
des hommes voudrait me cacher. J'entrevois souvent le
sombre projet caché sous un sourire, et un coup d'œil
me dit plus de choses que les sermens et les protesta-
tions n'en font croire aux autres.

— Eh bien ! puisque le cœur humain n'a rien de caché pour vous, dites-moi, ma chère Marie, ce que vous
voyez dans le mien. Dites-moi que ce que vous y lisez
ne vous offense pas. Ne me dites que cela, et vous
serez le guide de toutes mes actions; je ne ferai que ce
que vous m'ordonnerez, et mon bonheur même sera à
votre disposition.

Marie rougit d'abord, et pâlit ensuite, tandis qu'Halbert lui parlait ainsi. Mais lorsque à la fin de son discours il leva les yeux sur elle en lui prenant la main,
elle la retira doucement, et lui répondit : — Je ne puis
lire dans le cœur, Halbert; et je ne voudrais voir dans
le vôtre que ce qui peut être avoué par l'un et l'autre
de nous. Tout ce que je puis faire, c'est de juger des

signes extérieurs, des paroles, des actions les plus frivoles en apparence, avec plus de certitude que les autres ; de même que mes yeux, comme vous le savez,
ont quelquefois vu des objets qui restaient cachés à
ceux des autres.

— Qu'ils en voyent donc un qu'ils ne reverront plus !
s'écria Glendinning ; et, se détournant d'elle une troi-
sième fois, il se précipita hors de la cour, sans jeter un
regard en arrière.

Marie Avenel poussa un cri, et couvrit de ses deux
mains son front et ses yeux. Elle avait été une minute
environ dans cette attitude, quand elle entendit derrière elle une voix qui lui disait : — C'est être généreuse, ma très-clémente Discrétion, que de cacher ces
yeux brillans qui éclipseraient les rayons bien inférieurs
qui commencent à dorer l'horizon oriental. Certes, il
serait à craindre qu'Apollon, redoutant le danger d'une
telle rencontre, ne fît retourner ses chevaux en arrière,
et ne laissât le monde couvert d'épaisses ténèbres.
Croyez-moi, aimable Discrétion...

Mais, comme sir Piercy Shafton (car le lecteur l'aura
sans doute aisément reconnu aux fleurs de sa rhétorique) voulut en ce moment prendre la main de Marie,
probablement pour que son discours produisît plus
d'impression sur elle, Marie la retira vivement, et lui
ayant lancé un regard qui peignait l'agitation et la terreur, elle rentra précipitamment dans la tour.

Le chevalier la suivit des yeux d'un air qui annonçait
le dépit de la vanité blessée. — Sur mon honneur ! s'é-
cria-t-il, j'ai prodigué pour cette rustique Phidélé un
discours que la plus fière beauté de la cour d'Angleterre aurait voulu s'entendre adresser, et qu'elle aurait

appelé les matines de Cupidon. Le destin qui t'a envoyé
dans ces lieux sauvages, Piercy Shafton, a été bien
cruel, bien inexorable, puisqu'il t'a réduit à ne pouvoir
faire usage de ton esprit que pour de sottes campa-
gnardes, et de ta valeur que contre de grossiers paysans. Mais cette insulte, cet affront, le dernier des
hommes en aurait été coupable, qu'il devrait payer cette
offense de sa vie. L'énormité du crime doit faire oublier
l'inégalité du rang.

Tandis qu'il était ainsi en conversation avec lui-
même, il s'avançait vers le lieu du rendez-vous, et il y
trouva son antagoniste. Il le salua avec politesse, et lui
adressa ces paroles : — Je vous prie d'observer que je
vous ôte mon chapeau sans déroger à mon rang, malgré son immense supériorité sur le vôtre; parce qu'en
vous faisant l'honneur de me battre avec vous, je vous
ai, d'après l'opinion des meilleurs chevaliers, élevé
jusqu'à mon niveau, honneur qui ne doit pas vous paraître acheté trop cher, quand vous le paieriez de
votre vie.

— C'est une condescendance, dit Halbert, dont j'ai à
rendre grace à l'aiguille que je vous ai montrée.

Le chevalier changea de couleur, et grinça les dents
de rage. — Tirez votre épée, dit-il à Halbert.

— Point en ce lieu, répondit le jeune homme : nous
pourrions y être interrompus. Je vais vous conduire
dans un endroit où nous ne courrons pas un pareil
risque.

Glendinning avait résolu que leur combat aurait lieu
à l'entrée du Corrie-nan-Shian, non-seulement parce
que ce lieu ayant la réputation d'être la demeure des
fées, presque personne n'osait en approcher, mais aussi

11.

parce qu'il le regardait comme devant avoir une influence certaine sur sa destinée. Il voulait donc qu'il fût témoin de sa victoire ou de sa défaite.

Ils marchèrent quelque temps en silence, comme des ennemis généreux qui, n'ayant aucune communication amicale à se faire, dédaignent un vain combat de mots. Mais le silence était toujours un état pénible pour sir Piercy Shafton, et la colère était d'ailleurs une passion qui n'avait jamais chez lui une bien longue existence. Il ne crut donc pas devoir se soumettre plus long-temps à cette contrainte, et commença par faire à Glendinning, des complimens sur l'adresse et l'activité qu'il montrait au milieu des obstacles qu'ils rencontraient souvent sur leur chemin.

— Croyez-moi, digne villageois, lui dit-il, nous ne marchons d'un pas ni plus léger ni plus ferme dans nos fêtes de la cour, et si un pantalon de soie faisait valoir cette jambe, et qu'elle eût été formée à ce noble exercice, elle se montrerait avec assez d'avantage dans un pas de courante ou de toute autre danse. Mais pour parler de quelque chose qui soit en relation plus directe avec l'objet de notre rendez-vous, je présume que vous avez trouvé quelque occasion de vous instruire dans l'art de l'escrime.

— Je n'en connais, répondit Halbert, que ce que m'en a montré un vieux berger nommé Martin, qui a servi avec mon père; j'ai aussi reçu quelques leçons de Christie de Clinthill. Du reste je compte sur une bonne épée, un bras vigoureux et un cœur ferme.

— Par sainte Marie! je suis charmé que vous ne soyez pas mieux instruit, ma jeune Audace; car je vous nommerai ainsi tandis que nous sommes ensemble sur

les termes d'une si monstrueuse égalité, et je vous per-
mets de m'appeler votre Condescendance. Oui, je suis
charmé de votre ignorance. Nous autres favoris de Mars
nous mesurons les châtimens que nous infligeons à nos
adversaires sur le temps qu'ils nous font perdre et le
risque qu'ils nous font courir. Puisque vous n'êtes
qu'un novice, je ne vois pas pourquoi je ne me conten-
terais pas de vous punir par la perte d'une oreille, d'un
œil ou même d'un doigt, accompagnée de quelque
bonne blessure dans les chairs, proportionnée à la
faute que vous avez commise. Si au contraire vous
aviez été en état de m'opposer plus de résistance, je
ne sais si la perte de votre vie aurait été un châtiment
suffisant de votre outre-cuidance et de votre présomption.

— De par Dieu et de par Notre-Dame ! s'écria Halbert, incapable de se contenir plus long-temps, il faut
que vous soyez vous-même bien présomptueux pour
parler ainsi de l'issue d'un combat qui n'est pas encore
commencé. Êtes-vous un Dieu pour disposer ainsi de
ma vie et de mes membres? Êtes-vous un juge prononçant sur son tribunal de quelle manière on disposera
de la tête et du tronc d'un criminel condamné à mort?

— Non, ma jeune Audace; je ne suis ni un Dieu
pour juger d'avance de l'événement d'un combat, ni
un juge pour disposer à mon gré des membres d'un
condamné : mais je suis un assez bon maître en fait
d'armes, le meilleur élève du meilleur maître de la
meilleure école d'escrime d'Angleterre, de l'admirable et
savant Vincentio Saviola, qui m'a donné la fermeté du
jarret, la vivacité du coup d'œil, la légèreté de la
main, et les autres qualités dont je vous fournirai

des preuves, ma très-rustique Audace, dès que nous serons sur un terrain convenable à de telles expériences.

Ils étaient alors dans la gorge du défilé qui conduisait au Corrie-nan-Shian. C'était là que Glendinning avait eu d'abord dessein de placer la scène du combat; mais il remarqua que le terrain n'y était pas bien nivelé, et qu'il était resserré de tous côtés par des rochers : réfléchissant donc que ce n'était que par l'agilité qu'il pouvait suppléer à ce qui lui manquait du côté de la science de l'escrime, il continua à marcher pour trouver un endroit plus favorable, jusqu'à ce qu'il fût arrivé sur le bord de la fontaine que nos lecteurs n'ont sans doute pas oubliée. Entre cette source et le rocher qui y faisait face, était un plateau bien uni, couvert de gazon, de peu d'étendue à la vérité, mais suffisant pour l'usage auquel on le destinait.

Quand ils furent arrivés dans ce lieu, que sa situation retirée et son aspect sauvage rendaient si propre à devenir le théâtre d'un combat à mort, ils furent tous deux surpris de voir qu'on avait creusé une fosse au pied du rocher, avec beaucoup de soin et d'attention. Le gazon, taillé en carrés réguliers, était placé d'un côté, toute la terre avait été rejetée de l'autre, et l'on y voyait encore une pioche et une pelle.

A cette vue, sir Piercy prit un air sérieux, fronça le sourcil, et fixant les yeux sur Halbert : — Que veut dire ceci, jeune homme? lui dit-il : auriez-vous médité quelque trahison? m'auriez-vous amené dans une *emboscata* ou un guet-à-pens?

— Non, sur mon ame! s'écria Halbert : je n'ai informé personne de notre projet; et pour le trône d'Écosse, je

ne voudrais pas prendre un lâche avantage sur qui que
ce fût.

— J'aime à vous croire, mon Audace, dit le chevalier reprenant le ton d'affectation qui était devenu en
lui une seconde nature. Au surplus, cette fosse est ad-
mirablement faite; on peut la regarder comme le chef-
d'œuvre de l'homme, qui prépare le dernier lit de
l'homme, c'est-à-dire du fossoyeur. Ainsi donc rendons
grace au hasard ou à l'ami inconnu qui a préparé pour
l'un de nous une sépulture décente, et voyons lequel
aura l'avantage de jouir en ce lieu d'un repos non interrompu.

A ces mots il ôta son manteau, le plia avec grand
soin, le plaça sur une grosse pierre; il ôta de même
son pourpoint, et Halbert en fit autant, non sans
éprouver quelque émotion. Le lieu où ils se trouvaient,
séjour favori de la Dame Blanche, lui fit former quelques conjectures sur l'incident du tombeau creusé si à
propos. — Il faut que ce soit son ouvrage, pensa-t-il;
l'esprit a prévu l'événement du combat. Je partirai d'ici
homicide, ou j'y resterai pour toujours.

Il était désormais trop tard pour reculer; toute
chance de sortir honorablement d'affaire sans perdre la
vie ou sans l'ôter à son adversaire, chance qui a sou-
tenu le courage de plus d'un duelliste, paraissait entièrement évanouie. Cependant cette situation déses-
pérée, après un instant de réflexion, ne fit que l'armer
d'un nouveau courage, en lui montrant qu'il n'avait
d'autre alternative que la victoire ou la mort.

— Comme nous sommes ici sans seconds, dit sir
Piercy Shafton, il me semble convenable que vous me
passiez les mains sur le corps, comme je le ferai en-

suite à votre égard. Ce n'est pas que je vous soupçonne de vous être muni secrètement de quelque armure défensive, mais c'est pour nous conformer à l'ancienne et louable coutume adoptée en pareille occasion.

Pendant que Glendinning, par complaisance pour son adversaire, accomplissait cette cérémonie, sir Piercy ne manqua pas de lui faire remarquer la finesse de sa chemise.—C'est celle que je portais, dit-il, au tournois dont le divin Astrophel, c'est-à-dire notre incomparable Sidney, et lord Oxford étaient les tenans, et où j'étais à la tête du parti qui remporta la victoire dans le combat général qui le termina. Toutes les beautés de Félicia, nom sous lequel je désigne notre chère Angleterre, étaient dans la galerie, et encourageaient les combattans en agitant leurs mouchoirs et par leurs flatteuses acclamations. Après cette noble joute, nous fûmes régalés dans un superbe banquet; il plut à la noble Uranie (c'était ce jour-là l'incomparable comtesse de Pembroke) de me prêter son propre éventail pour rafraîchir mon visage trop ardent; moi, pour reconnaître cette courtoisie, je lui dis en appelant sur mes traits un sourire mélancolique : — O divine Uranie! reprenez ce trop fatal éventail; il ressemble peu au zéphire dont l'haleine est si douce et si fraîche; mais il est plutôt comparable au brûlant sirocco qui échauffe davantage ce qui est déjà enflammé. A ces mots, elle me regarda en affectant un air de dédain, à travers lequel un courtisan expérimenté devinait une certaine forme d'approbation tendre...

—Sire chevalier, dit Halbert qui, après l'avoir écouté quelque temps avec patience, trouva que sir Piercy était un peu trop prolixe dans ses souvenirs, tout cela ne me paraît pas d'une grande importance dans l'affaire qui nous a amenés ici, et dont nous nous occuperons, si tel est votre bon plaisir.

— Vous avez raison ; rustique Audace, mais j'oublie tout quand les souvenirs de la divine cour de Félicia se pressent dans ma mémoire, de même qu'un saint est encore ébloui par la vision céleste qu'il a eue, même quand elle a disparu. Ah ! cour céleste, où plutôt ciel des cours, que les danses embellissent, que l'harmonie égaie, dont les tournois font l'ornement, où l'on voit briller sur la soie, le velours et les étoffes les plus riches, les diamans, les rubis et les pierres les plus précieuses, dont l'éclat est semblable à...

—L'aiguille ! sire chevalier, songez à l'aiguille ! s'écria Glendinning, qui, fatigué des longs discours de son antagoniste, jugea que le meilleur moyen de le forcer à s'occuper de l'objet de leur rendez-vous, était de lui rappeler le motif de leur querelle.

Il ne s'était pas trompé. A peine avait-il prononcé ces paroles, que sir Piercy, jetant sur lui une regard furieux, lui dit : — Tu as raison ; l'heure de ta mort a sonné ; mets-toi en défense.

Les deux épées sortirent du fourreau en même temps, et le combat commença. Halbert reconnut sur-le-champ que, comme il s'y attendait, il était fort inférieur à son adversaire dans le maniement de cette arme. Sir Piercy Shafton ne s'était pas attribué plus de mérite qu'il ne lui en appartenait véritablement, en se donnant pour habile dans la science de l'escrime. Il en connaissait parfaitement tous les mystères, les *stocata, imbroccata, punto-riverso, incartata*, et en un mot tout ce que les maîtres d'escrime italiens avaient mis récem-

ment en usage. Mais de son côté le jeune Glendinning
n'était pas tout-à-fait novice dans les principes de cet
art d'après l'ancienne méthode écossaise; et il possédait
la plus indispensable de toutes les qualités, un sang-
froid imperturbable.

D'abord, désirant faire l'essai des forces de son ennemi, et connaître sa manière d'attaquer, il resta sur la
défensive, ayant le pied, l'œil, la main et tout le corps
en parfaite harmonie, tenant son épée de court, et en
dirigeant toujours la pointe vers son adversaire; de
sorte que sir Piercy, pour l'attaquer, se vit obligé de
faire plusieurs passes, et ne put profiter de son habi-
leté à faire des feintes, tandis qu'Halbert parait toutes
ses attaques, soit avec son épée, soit en rompant la
mesure. Il en résulta qu'après quelques minutes de
combat sir Piercy, étonné de la résistance vigoureuse
de son ennemi, prit à son tour la défensive, de crainte
de lui donner quelque avantage par une attaque trop
animée. Mais Glendinning était trop prudent pour presser vivement un adversaire dont l'adresse l'avait déjà
mis plus d'une fois à deux doigts de la mort, qu'il n'a-
vait évitée qu'à force d'attention et d'agilité.

Lorsque chacun d'eux eut encore fait quelques feintes ils cessèrent un instant le combat comme d'un commun accord, chacun d'eux ayant baissé en même temps
la pointe de son épée, et se regardant l'un l'autre en silence. Alors Glendinning, qui éprouvait peut-être en
ce moment plus d'inquiétude pour sa famille qu'avant
d'avoir fait preuve de son courage, et essayé la force de
son ennemi, ne put s'empêcher de lui dire : — Le sujet
de notre querelle, sire chevalier, est-il assez mortel pour
qu'il faille qu'un de nous remplisse ce tombeau? ou ne

pouvons-nous avec honneur, après avoir essayé nos forces, remettre nos lames dans le fourreau, et nous retirer en bonne intelligence ?

— Vaillante et rustique Audace, répondit le chevalier du sud, vous ne pouviez adresser une question sur l'honneur à personne au monde qui soit plus en état d'y répondre. Faisons trève un instant, jusqu'à ce que je vous aie donné mon opinion sur cette question (1); car il est certain que des hommes raisonnables ne doivent pas courir à leur perte comme des bêtes brutes et des animaux sauvages, mais doivent se tuer l'un l'autre avec délibération, sang-froid et réflexion. Si donc nous examinons bien l'état des choses, il nous est permis de douter que les trois sœurs, filles du destin, aient destiné l'un de nous à leur servir de victime en ce moment. Me comprenez-vous ?

— Oui, répondit Halbert après y avoir réfléchi un instant. Je crois me souvenir d'avoir entendu le père Eustache parler de trois furies qui tiennent le fil et les ciseaux...

—- Assez! assez! s'écria sir Piercy, le visage enflammé par un nouvel accès de rage; le fil de tes jours va être coupé.

En même temps il attaqua avec fureur le jeune Écossais, qui n'eut que le temps de se mettre en défense. Mais son aveugle impétuosité lui devint funeste, comme cela arrive souvent; car, ne songeant plus qu'à attaquer vivement son ennemi, il laissa sa poitrine à découvert, et l'épée d'Halbert s'y enfonça jusqu'à la garde. Sir Piercy Shafton tomba.

(1) *Dépendance,* mot technique de l'escrime pour signifier querelle. — Éd.

CHAPITRE XXII.

« Oui , le feu de la vie est éteint sans retour,
» Ce corps pâle et sanglant , insensible en ce jour ,
» Ne connaît désormais ni l'amour ni la haine;
• Son cœur aux passions n'offre plus une arène.
» Et c'est moi dont la main put changer sans frémir
» Cet être qui vivait pour penser, pour sentir,
» En un amas de chair, de sang, de pourriture ,
» Où les vers dévorans vont trouver leur pâture ! »

Ancienne comédie.

Je crois bien qu'un petit nombre de duellistes , heureux , si le terme heureux peut s'appliquer à une si fa-
tale victoire , ont pu voir leur antagoniste étendu mort
sur la terre à leurs pieds , sans désirer pouvoir racheter de leur propre sang celui qu'ils venaient de répandre. Au moins une telle indifférence ne pouvait être le
partage d'un jeune homme comme Halbert Glendin-

ning, qui, n'étant pas habitué à immoler ses semblables, fut frappé d'épouvante et déchiré de remords quand il vit sir Piercy Shafton renversé devant lui sur le gazon, et le sang sortant à gros bouillons de sa blessure. Il jeta bien loin de lui son fer ensanglanté, s'agenouilla près de son malheureux adversaire, le souleva dans ses bras, et chercha vainement à arrêter le sang qui continuait à couler.

Le chevalier eut encore la force de lui adresser quelques paroles, et même dans ce moment terrible son caractère d'affectation ne se démentit point.

— Jeune villageois, lui dit-il, la fortune l'a emporté sur la science, et l'Audace a vaincu la Condescendance, comme l'épervier l'emporte quelquefois sur le noble faucon. Hâte-toi de fuir, sauve-toi. Prends ma bourse dans la poche de mon haut-de-chausse de soie incarnat, je te la donne; elle vaut la peine qu'un rustique Écossais l'accepte. Aie soin d'envoyer mes malles au monastère de Sainte-Marie. Je donne mon justaucorps de velours bleu de ciel brodé avec les chausses du même... Oh! le salut de mon ame.

Ici la douleur lui coupa la parole, et Halbert, cherchant à lui donner une espérance à laquelle il n'osait se livrer lui-même, lui dit : — Prenez courage, j'espère que vous guérirez. Oh! que ne donnerais-je pas pour trouver un chirurgien !

— Il y en aurait vingt, ma généreuse Audace, reprit le chevalier (et ce serait un spectacle imposant), qu'ils ne pourraient me sauver la vie. Je sens qu'elle m'abandonne. Rappelle-moi au souvenir de la nymphe rustique que j'appelais ma Discrétion. Étends-moi tout de mon long sur le gazon, mon Audace, toi qui es né pour

éteindre la plus brillante lumière de l'heureuse cour de
Félicia. O saints et anges ! dames et chevaliers ! danses
et théâtres ! joyaux et broderies ! amour, honneur et
beauté !

Un gémissement sourd suivit ces derniers mots, qu'il
semblait prononcer involontairement en se rappelant
l'éclat de la cour d'Élisabeth ; ses membres se raidirent,
ses yeux se fermèrent, et il resta sans mouvement.

Le vainqueur s'arracha les cheveux de désespoir, se
précipitant sur sa victime, et comme s'il eût cru pouvoir la sauver ; il s'aperçut à sa respiration et au batte-
ment de son cœur que le principe de la vie n'était pas
encore entièrement éteint, mais sans autre secours que
le sien comment écarter la mort qui s'avançait rapidement ?

— Pourquoi ? s'écria-t-il dans son inutile repentir,
pourquoi l'ai-je provoqué à ce fatal combat ? Plût à
Dieu que je me fusse vu humilié par les plus cruelles
insultes qu'un homme puisse recevoir d'un autre, plutôt que de devenir le détestable instrument de cet acte
sanguinaire ! Maudit soit doublement ce lieu funeste
que j'ai choisi pour théâtre du combat, quand je savais
que c'était le repaire d'un esprit, d'une sorcière ou
d'un démon ! En tout autre endroit j'aurais pu lui procurer du secours en courant en chercher, en en appelant ; mais ici où en trouver ? Qui m'entendra, si ce
n'est l'esprit malfaisant qui a causé tout le mal ? Ce
n'est pas son heure. N'importe, j'essaierai le charme, et
s'il peut donner quelques secours, il faudra qu'il en
donne, ou il verra de quoi est capable un homme
au désespoir, même contre les habitans d'un autre
monde.

Il exécuta toutes les cérémonies d'évocation dont nous avons déjà fait le détail, mais nulle apparition ne se présenta à ses yeux, aucune voix ne se fit entendre, et la Dame Blanche ne parut pas disposée à écouter ses prières. Dans l'impatience du désespoir, et avec la hardiesse qui formait la base de son caractère, le jeune homme s'écria : — Sorcière, esprit, démon, es-tu sourd quand j'implore ton secours, et si prompt à paraître quand je t'invoque pour satisfaire ma vengeance? Parais et réponds-moi, ou sinon je comblerai ta fontaine, j'arracherai ton vieux houx, je causerai dans le lieu que tu as choisi pour ton séjour autant de désolation que tes funestes conseils en ont fait naître dans mon cœur.

Ces menaces, dictées par le désespoir, furent interrompues par un cri éloigné, qui semblait partir de la gorge du ravin. Halbert crut reconnaître une voix humaine. — Que sainte Marie soit louée! s'écria-t-il, c'est un homme, et dans cette extrémité il sera peut-être en état de me donner des secours et des conseils.

A l'instant il poussa un grand cri pour répondre à celui qu'il venait d'entendre, et partit avec la rapidité d'un cerf poursuivi par les chasseurs; comme si son bonheur ou son malheur éternels eussent dépendu de sa promptitude. En un espace de temps si court qu'il ne pouvait suffire qu'à un montagnard écossais dont tous les nerfs étaient tendus et dans un état d'irritation, il atteignit le bout du ravin, et arriva à l'endroit où le petit ruisseau se jetait dans la rivière circulant dans la vallée.

Là il s'arrêta, regarda de tous côtés, et n'aperçut aucune créature vivante. Son cœur se glaça. Mais les dé-

tours de la vallée empêchaient sa vue de se porter bien
loin : l'homme qu'il avait entendu pouvait être à peu
de distance, quoiqu'il fût caché à ses yeux. Les branches
d'un vieux chêne adossé à un rocher dont la base était
taillée à pic offrirent à son esprit entreprenant et à ses
membres agiles le moyen de s'en assurer. S'élançant de
terre, il saisit une des branches inférieures, monta aussi
haut que l'arbre put soutenir le poids de son corps, et
sautant de là sur une saillie de rocher, il se trouva en
deux minutes à une hauteur suffisante pour dominer
toute la vallée. Il y vit un homme qui la descendait. Ce
n'était ni un berger ni un chasseur, presque les seuls
êtres qu'on rencontrât dans cette solitude, surtout du
côté du nord, où s'étendait un marécage dangereux dans
lequel la rivière prenait sa source.

Halbert ne songea pas à examiner quel était ce voyageur, ni quel pouvait être le but de son voyage. Implo-
rer le secours et les avis de celui qu'il apercevait, c'é-
tait tout ce qu'il désirait en ce moment, et il regagna
la terre non sans danger, mais sans accident.

D'un pas rapide il courut du côté où il avait vu l'inconnu, mais sans pouvoir le joindre, sans même l'apercevoir. Enfin il commença à craindre de n'avoir vu
qu'un fantôme créé par son imagination ou par les esprits qu'on supposait habiter cette vallée, et déjà éva-
noui dans les airs.

Quelle fut sa joie quand, au détour d'un énorme rocher, il vit devant lui, et à très-peu de distance, un
homme dont les vêtemens ressemblaient à ceux d'un
pèlerin ! Il semblait avancé en âge, et portait une
longue barbe ; il avait un chapeau à larges bords et une
espèce de double tunique de serge noire, dont la partie

supérieure lui couvrait les bras et retombait sur l'autre. Une petite valise attachée sur son dos, une bouteille de cuir suspendue à son côté, et un gros bâton dans sa main complétaient son équipage. Il marchait lente- ment, comme un homme épuisé par la fatigue du voyage. Halbert l'eut bientôt rejoint.

— Dieu vous conserve! mon père, lui dit-il : c'est sans doute lui qui vous envoie à mon secours.

— Et en quoi, mon fils, une si faible créature peut- elle vous servir? lui demanda le vieillard, surpris d'être accosté de cette manière par un jeune homme vigou- reux dont les traits étaient décomposés par l'inquié- tude, les yeux égarés, le front couvert de sueur et les mains sanglantes.

— Un homme est baigné dans son sang dans cette vallée, à deux pas d'ici. Venez avec moi, venez, vieil- lard; vous devez avoir de l'expérience, au moins vous avez l'usage de vos sens, et les miens m'ont presque abandonné.

— Un homme baigné dans son sang! et dans cet en- droit desert! dit l'étranger.

— Oui, mon père, oui; ce n'est pas le temps d'élever des doutes : il s'agit d'aller à son secours. Suivez-moi sans délai.

— Mais, mon fils, on ne suit pas ainsi en aveugle le premier guide qui se présente dans un endroit désert. Avant que je vous suive, il faut que vous m'expli- quiez....

— Le temps ne permet d'entrer dans aucune expli- cation, s'écria Halbert : je vous dis qu'il s'agit de la vie de l'homme; et si vous ne me suivez pas volontairement, je vous entraînerai de force.

— Cela est inutile, dit l'étranger ; si ce que vous me dites est vrai, je vous suivrai de plein gré, et d'autant plus volontiers que j'ai quelques connaissances en chirurgie, et qu'il se trouve dans ma valise quelques médicamens qui pourront être utiles à votre ami. Mais marchez plus doucement, je vous prie, car je suis déjà épuisé de fatigue.

Avec l'impatience d'un coursier ardent que son maître force de suivre le pas d'une pauvre haridelle, le jeune Glendinning ralentit sa marche, dévoré d'une inquiétude qu'il s'efforçait de déguiser, afin de ne pas alarmer l'étranger, qui ne paraissait pas avoir en lui une entière confiance. Quand ils arrivèrent à l'endroit où il fallait se détourner pour atteindre le ravin qui conduisait au Corrie-nan-Shian, le vieillard s'arrêta en voyant l'aspect encore plus sauvage du chemin où ils allaient entrer. — Jeune homme ! dit-il, si vous méditez quelque trahison contre ces cheveux blancs, vous gagnerez bien peu de chose par votre cruauté. Je ne possède pas de trésors terrestres pour tenter la cupidité du voleur ou du meurtrier.

— Je ne suis ni l'un ni l'autre, s'écria Glendinning ; et pourtant, Dieu du ciel ! oui, je puis être un meurtrier si vous arrivez trop tard pour donner des secours à un malheureux blessé.

— Est-il bien vrai ? Les passions humaines troublent-elles la nature jusque dans ses plus profondes solitudes ? Mais pourquoi m'étonner que là où règnent les ténèbres, on commette des actes de ténèbres : c'est par ses fruits que l'arbre est connu. Marchez, malheureux jeune homme ; marchez, je vous suis.

L'étranger en ce moment parut oublier sa fatigue, et

fit les plus grands efforts pour marcher aussi rapidement que le désirait son guide impatient.

Mais quelle fut la surprise d'Halbert, lorsqu'en arrivant à l'endroit fatal, il n'y trouva plus le corps de sir
Piercy Shafton, ni ses vêtemens, excepté son pourpoint,
qui était encore à l'endroit où il l'avait déposé ; l'herbe
foulée portait les traces du combat qui venait d'avoir
lieu, et l'endroit où était tombé le chevalier était encore
couvert de sang.

En regardant autour de lui avec une expression de
terreur et de surprise, Halbert chercha la sépulture qui
semblait, il y avait quelques instans, ouverte pour une
victime. Elle était fermée, et semblait avoir reçu le dé-
pôt qu'elle attendait. La terre amoncelée y formait, selon l'usage, une espèce de *tumulus*, recouvert de gazon
arrangé avec le plus grand soin. Glendinning resta interdit, avec la conviction irrésistible que cette terre couvrait celui qu'il avait privé du jour pour un sujet frivole.
La main qui avait creusé la fosse n'avait pas voulu
laisser son ouvrage incomplet ; quelle pouvait être cette
main, si ce n'était celle de cet être mystérieux, et d'une
nature si douteuse, qu'il avait eu la témérité d'évoquer, et à qui il avait laissé prendre une sorte d'ascendant sur sa destinée ?

Se tordant les mains, levant les yeux au ciel, et mau-
dissant son impétuosité, il se livrait aux réflexions les
plus sombres, quand il en fut retiré par la voix de l'é-
tranger dont la méfiance s'était ranimée en voyant une
scène toute différente de celle à laquelle les discours
d'Halbert l'avaient préparé. — Jeune homme ! lui dit-il,
tes lèvres se sont armées de mensonges, pour retrancher
peut-être quelques jours de la vie d'un homme que la

nature ne tarderait pas à rappeler dans son sein , sans que tu eusses à te reprocher d'avoir accéléré la fin de son pèlerinage.

— Je vous jure , par le ciel , par....

— Ne jurez, jeune homme , ni par le ciel qui est le trône de Dieu , ni par la terre qui est son marche-pied , ni par les créatures qu'il a faites, et qui ne sont comme nous que terre et poussière. Dites oui ou non, mais que la vérité dicte toutes vos paroles. Apprenez-moi, en un mot, pourquoi vous avez inventé un conte, afin de conduire dans cet endroit sauvage un voyageur déjà égaré ?

— Aussi vrai que je suis chrétien, je l'ai laissé ici baigné dans son sang ; et , puisque je ne le vois plus , j'ai de forts soupçons que ce monticule que vous voyez couvre ses dépouilles mortelles.

— Et quel est le nom de l'homme dont le destin vous cause tant d'inquiétude? Comment est-il possible qu'on l'ait déjà transporté d'ici, ou qu'on lui ait donné la sépulture ?

— Son nom, dit Halbert après un moment de réflexion, est Piercy Shafton. C'est là que je l'ai laissé tout sanglant. Voilà les traces de son sang, voilà son pourpoint; mais comment se fait-il qu'il ne s'y trouve plus ? C'est ce que je ne puis concevoir plus que vous.

— Piercy Shafton ! dit l'étranger. Sir Piercy Shafton de Wilverton , parent, à ce qu'on dit, de Piercy, comte de Northumberland ? Si vous lui avez véritablement donné la mort, rester dans les domaines de Sainte-Marie, c'est présenter votre cou à la corde. Suivez-moi, jeune homme , et tâchez d'éviter les suites fâcheuses de votre crime, pour avoir le temps d'en faire pénitence.

Conduisez-moi au château d'Avenel, et pour récompense vous y trouverez protection et sûreté.

Halbert réfléchit encore. L'abbé voudrait sans doute tirer une vengeance éclatante de la mort de sir Piercy, son ami et son hôte ; cependant, tout en croyant avoir examiné cette affaire sous tous les points de vue avant le combat, il en avait oublié un qui n'était pas sans importance, c'était de savoir ce qu'il aurait à faire dans le cas où sir Piercy viendrait à succomber. S'il retournait à Glendearg, il était sûr d'attirer sur toute sa famille, et même sur Marie Avenel, le ressentiment de l'abbé et de toute la communauté ; sa fuite, au contraire, le ferait regarder comme le seul auteur de la mort du chevalier, et il était possible que le courroux de l'abbé ne tombât que sur lui. L'amitié du sous-prieur pour Édouard lui faisait aussi espérer la protection de ce digne religieux. En le faisant instruire de tout ce qui s'était passé, quand il serait à une certaine distance de Glendearg, il le déciderait sans doute à intervenir puissamment en faveur de sa famille. Toutes ces pensées se succédèrent rapidement dans son esprit, et il se détermina à fuir. Il était donc tenté d'accepter la proposition de l'étranger ; mais il doutait que le château d'Avenel pût être un asile pour lui, après en avoir servi au chevalier anglais.

— Mon bon père, lui dit-il, je crains que vous ne connaissiez pas bien l'homme dont vous me faites espérer la protection. C'est chez le baron Julien que se rendit sir Piercy en arrivant en Écosse, et ce fut Christie de Clinthill, chef de ses Jacks, qui le conduisit à Glendearg.

— Je sais tout cela, dit le vieillard ; je sais que Piercy

Shafton, après avoir servi d'aveugle instrument à des traîtres, a été sacrifié par ceux même qu'il avait ser.. vis. C'était un enfant perdu, employé par des têtes plus politiques, et qui ont plus d'esprit d'intrigue pour tramer des complots, que de courage pour les exécuter. Cependant, si vous voulez avoir en moi la confiance que j'ai eue en vous, je vous garantis que vous trouverez chez Julien Avenel bon accueil, ou du moins sûreté.

— Mon père, répondit Halbert, quoiqu'il soit difficile de concilier ce que vous me dites avec ce que fait Julien Avenel, cependant, comme je m'inquiète peu de la sûreté d'un misérable tel que moi, perdu à jamais sans espérance; que d'ailleurs vos paroles semblent avoir l'empreinte de la franchise et de la vérité, et qu'enfin je dois répondre à la confiance que vous m'avez montrée, je vous accompagnerai au château d'Avenel, et je vous y conduirai par un chemin assez court, que jamais vous n'auriez pu trouver.

Il marcha le premier, et l'étranger le suivit quelque temps en silence.

CHAPITRE XXIII.

———

« Quand du guerrier se calme enfin l'ardeur,
» De sa blessure il ressent la douleur ;
» Et quand des sens la fièvre s'est éteinte ,
» De ses remords l'ame éprouve l'atteinte. »

Anonyme.

HALBERT GLENDINNING, dans cette pénible circonstance, éprouva des regrets plus amers que n'en eût ressenti tout autre de ses concitoyens dans un siècle où la vie de l'homme n'était comptée pour rien. Ses remords n'avaient pas sans doute cette force qu'ils ont sur une ame guidée par les principes d'une religion plus éclairée; mais cependant ils étaient vifs et cuisans, et ils se mêlaient dans son cœur au regret de s'éloigner de Marie Avenel et de la tour de ses pères.

Son vieux compagnon de voyage, après avoir marché

13

quelque temps en silence à côté de lui, ne put s'empêcher de lui demander la cause de sa tristesse. — Mon fils, on a dit que la douleur ne peut rester muette; il faut qu'elle parle, ou elle vous tue. Dites-moi pourquoi cet abattement profond ? Racontez-moi vos malheurs ; peut-être mes cheveux blancs pourront-ils donner quelques conseils à votre inexpérience ?

— Hélas ! dit Halbert, pouvez-vous être surpris que je sois plongé dans la consternation ? Je fuis dans ce moment la maison paternelle ; je m'éloigne de mes amis, et je suis couvert du sang d'un homme qui ne m'avait offensé que par quelques discours frivoles ! Mon cœur me dit à présent que j'ai eu tort; il serait plus dur que ces rochers, s'il pouvait supporter l'idée pénible que cet homme est allé rendre un compte terrible, sans avoir pu s'y préparer, et que c'est moi qui en suis la cause.....

— Arrêtez, mon fils, dit le vieillard ; n'avoir pas respecté l'image de Dieu dans la personne de votre prochain, n'avoir écouté qu'un vain emportement ou un orgueil plus vain encore, au point de verser le sang humain, c'est sans doute un des péchés les plus noirs que l'homme puisse commettre ; n'avoir pas laissé au pécheur le temps que le ciel eût pu lui accorder pour se repentir le rend plus mortel encore ; mais cependant il est un baume dans Gilead.

— Je ne vous comprends pas, mon père, dit Halbert, frappé du ton solennel que prenait son compagnon.

Le vieillard continua : — Tu as tué ton ennemi, c'est une action barbare ; tu l'as tué peut-être en état de péché, c'est une action plus criminelle encore. Suis mes conseils ; et, si tu as relégué une ame dans le royaume de Satan, que tes efforts en arrachent du moins une autre à son empire.

— Je vous entends, dit Halbert ; vous voudriez que, pour expier mon crime, je cherchasse à obtenir la délivrance de l'ame de mon adversaire. Mais comment faire ? Je n'ai pas d'argent pour acheter des messes. J'irais bien nu-pieds à la Terre-Sainte pour délivrer son ame du purgatoire, si je ne craignais.....

— Mon fils, dit le vieillard en l'interrompant, le pécheur au salut duquel je vous conjure de travailler n'est pas au nombre des morts. Ce n'est pas pour l'ame de votre ennemi que je vous exhorte à prier : un juge, aussi miséricordieux qu'il est juste, a déjà prononcé son arrêt ; et, quand vous changeriez ce rocher en ducats, et que vous les emploieriez à faire dire des messes, ce ne serait d'aucun avantage pour le défunt. L'arbre reste à la place où il est tombé ; mais le jeune rejeton plein de sève et de vie peut suivre la direction qu'on veut lui donner.

— Êtes-vous prêtre, mon père ? dit le jeune homme ; ou de qui tenez-vous le droit de parler de choses si élevées ?

— Du Tout-Puissant, mon maître, sous la bannière duquel je me suis enrôlé.

En fait de religion, Halbert ne connaissait que le catéchisme de l'archevêque de Saint-André, et il n'avait jamais poussé plus loin ses études de théologie. Mais, quoique peu versé dans cette matière, il commença à soupçonner que son compagnon de voyage n'était autre qu'un de ces hérétiques dont l'influence ébranlait alors l'ancienne religion jusque dans ses fondemens. Élevé,

depuis l'enfance, dans une sainte horreur pour ces
sectaires formidables, le jeune Halbert ne put contenir
l'indignation que devait éprouver tout fidèle vassal de
l'Église. — Vieillard, s'écria-t-il, si ta main était capable de soutenir ce que ta bouche a eu l'imprudence
d'avancer contre notre sainte mère l'Église, nous verrions à l'instant même laquelle de nos religions a le
meilleur défenseur.

—Écoutez-moi, mon fils, reprit le voyageur d'un ton
calme : je vous ai indiqué les moyens de faire votre paix
avec le ciel, et vous avez rejeté mon offre; maintenant
je vais vous montrer celui de vous réconcilier avec les
puissances de ce monde. Séparez cette tête, affaiblie
par l'âge, du corps fragile qui la soutient; portez-la au
fier abbé Boniface; et, après lui avoir dit que vous
avez tué Piercy Shafton, lorsque vous verrez sa fureur au plus haut degré, jetez à ses pieds la tête
d'Henry Warden, et vous serez comblé d'éloges au lieu
d'être puni.

Halbert Glendinning recula de surprise. — Quoi !
seriez-vous ce Henry Warden, si célèbre parmi les hérétiques, que le nom même de Knox n'est pas plus souvent dans leurs bouches ? Si vous l'êtes, comment osez-
vous approcher du monastère de Sainte-Marie ?

— Oui, reprit le vieillard, je suis Henry Warden,
indigne sans doute d'être nommé même après Knox,
mais prêt néanmoins à braver tous les dangers pour le
service de mon maître.

— Écoutez-moi, dit Halbert; vous immoler serait
d'un lâche; vous faire prisonnier, je n'en ai pas le courage, votre sang n'en retomberait pas moins sur ma
tête; vous abandonner seul et sans guide dans ces dé-

serts serait aussi inhumain. Je vais donc vous conduire, comme je vous l'ai promis au château d'Avenel;
mais pas un mot, pendant la route, pas un mot contre
les doctrines de la sainte Église, dont, tout indigne que
j'en suis, je me fais gloire d'être membre. Lorsque vous
y serez, prenez garde qu'il ne vous échappe la moindre
imprudence. Une haute récompense est promise à qui-
conque apportera votre tête; et Julien Avenel aime la
vue des toques d'or (1).

— Croyez-vous que par un vil intérêt il fût capable
de vendre le sang de son hôte?

— Non, si vous venez sur son invitation, et comp-
tant sur sa foi : tout dépravé que puisse être Julien, il
n'oserait violer les lois de l'hospitalité; car, quoique
nous ne puissions souffrir la moindre contrainte, ces
lois nous sont sacrées, et le respect que nous avons pour
elles va jusqu'à l'idolâtrie. Si quelqu'un y manquait, les
parens du coupable laveraient eux-mêmes dans son
sang l'affront qu'il eût fait à sa famille, et vengeraient
leur déshonneur. Mais, si vous vous rendez de vous-
même auprès de lui, s'il ne vous a fait aucune promesse,
je ne vous cacherai pas que vous courez de grands
dangers.

— Je suis entre les mains de Dieu, répondit le prédicateur. C'est d'après ses ordres que je traverse ces solitudes au milieu des dangers de toute espèce qui m'en-
vironnent. Tant que je pourrai être utile à mon maître,
rien ne m'empêchera de le servir; et lorsque, comme

---

(1) *Bonnets-pièces*, monnaie d'or de Jacques V, et la plus élé-
gante de toutes les monnaies d'Ecosse; ainsi appelée parce que
l'effigie du souverain y est représentée avec une toque. — ÉD.

le figuier stérile, je ne pourrai plus produire de fruits, qu'importe qui portera le premier coup de hache à un tronc devenu inutile!

— Votre courage et votre dévouement sont dignes d'une meilleure cause, dit Halbert.

— Il n'en est pas de meilleure que la mienne, reprit son compagnon de voyage.

Ils continuèrent leur route en silence. Halbert se dirigeait parfaitement au milieu des rochers et des marécages qui séparaient le domaine de Sainte-Marie de la baronnie d'Avenel. Mais de temps en temps il était obligé de s'arrêter pour aider son compagnon à traverser des marais humides, dans lesquels celui-ci s'enfonçait à chaque instant.

— Courage! vieillard, dit Halbert en le voyant presque épuisé de fatigue, nous serons bientôt sur un terrain plus ferme. Croiriez-vous cependant qu'ici même j'ai vu le joyeux fauconnier courir avec la vitesse du daim, lorsqu'il poursuivait sa proie.

— Il est vrai, mon fils; car je continuerai à vous donner ce nom, quoique vous ne m'appeliez plus votre père; et c'est ainsi que la jeunesse insouciante poursuit le cours frivole de ses amusemens, sans considérer de quels écueils sont bordés les sentiers dans lesquels elle se précipite aveuglément.

— Je vous ai déjà dit, reprit Halbert d'un ton ferme, que je ne veux rien entendre qui me rappelle vos doctrines.

— Votre père spirituel ne vous eût pas lui-même tenu un autre langage, mon fils, et je suis sûr qu'il m'approuverait.

— Je sais que c'est votre usage à vous tous de nous

amorcer par de belles paroles, et de vous donner pour
des anges de lumière, afin d'étendre plus aisément l'empire des ténèbres.

— Que Dieu pardonne à ceux qui calomnient ainsi
ses fidèles serviteurs! Je ne vous offenserai pas, mon fils,
en cherchant à vous convaincre sur-le-champ; vous ne
faites que répéter ce qu'on vous a appris. Cependant
j'aime à croire que quelque jour un bon cœur comme
le vôtre sera sauvé comme un tison arraché aux flammes.

Ils étaient alors sortis des marécages, et ils descen-
daient un coteau couvert de bruyères. Le vieillard pour-
suivit sa route avec plus de facilité; et, ne voulant pas
irriter de nouveau le jeune voyageur en lui parlant de
religion, il changea de sujet. Sa conversation était grave
et instructive. Il avait beaucoup voyagé, et il connaissait la langue et les mœurs de divers pays. Halbert Glendinning, qui craignait déjà d'être obligé de quitter
l'Écosse à cause du crime qu'il avait commis, l'écoutait
avidement, et lui faisait mille questions auxquelles le
vieillard s'empressait de répondre. Enfin, il trouva bientôt sa conversation si attrayante, qu'il oubliait par momens qu'il parlait à un hérétique; il l'avait appelé plus
d'une fois mon père, lorsqu'il découvrit les tours du
château d'Avenel (1).

La position de cette ancienne forteresse était remar-
quable. Elle était située sur une petite presqu'île, au
milieu d'un lac des montagnes ou *Tarn*, comme on appelle ces pièces d'eau dans le Westmoreland. Ce lac pouvait avoir un mille de circonférence, et était entouré de

(1) Voyez la tour de Smallholme dans les *Vues pittoresques*
d'Écosse. — ÉD.

rochers d'une hauteur prodigieuse ; des broussailles et quelques vieux arbres remplissaient les ravins qui les séparaient les uns des autres. Ce qui excitait surtout la surprise, c'était une vaste pièce d'eau au milieu de ces montagnes arides et escarpées, et le site offrait un aspect plutôt sauvage que romantique ou sublime; cependant il n'était pas sans avoir ses charmes. Dans les chaleurs brûlantes de l'été, la surface unie et azurée du lac flattait agréablement la vue, et portait dans l'ame un sentiment délicieux de paix et de solitude. En hiver, lorsque la neige amoncelée sur les montagnes semblait s'élever jusqu'aux nues, le lac, calme et immobile, formait comme un vaste miroir autour de la presqu'île escarpée et des murs du vieux château dont elle était couronnée.

Comme le château et ses dépendances occupaient tous les points saillans du rocher qui lui servait de base, il semblait entièrement entouré d'eau de tous côtés, à l'exception d'une petite langue de terre qui joignait l'île au rivage. Mais il était plus grand en apparence qu'en réalité; la plupart des bâtimens, tombés en ruines, n'étaient plus habitables. Du temps de l'opulence et de la grandeur de la famille d'Avenel, ils servaient à loger une garnison assez nombreuse de vassaux et d'hommes d'armes; mais depuis ils avaient été en grande partie abandonnés, et Julien Avenel eût sans doute fixé sa résidence dans une habitation plus conforme à son humble fortune, sans les grands avantages que le vieux château offrait à un homme obligé sans cesse, par la vie qu'il menait, à se tenir sur ses gardes. Sous ce rapport, il ne pouvait mieux choisir. Il était facile de rendre le château presque inaccessible. La langue de terre qui le joignait au rivage était très-étroite, et di-

visée par deux ouvertures, l'une à mi-chemin entre
l'île et la terre, et l'autre sous la porte extérieure du
château : c'était un rempart presque inabordable. Cha-
cune de ces ouvertures était défendue par un pont-
levis : l'un des deux, celui qui était le plus près du
château, était constamment levé pendant le jour, et tous
deux l'étaient pendant la nuit.

La position de Julien Avenel, sans cesse en querelle
avec les seigneurs du voisinage, et prenant part à toutes
les entreprises mystérieuses qui se tramaient sur cette
frontière sauvage et belliqueuse, exigeait qu'il prît
toutes ces précautions pour sa sûreté. Le système de
politique qu'il avait adopté l'exposait encore à de nouveaux dangers ; car il flattait tour à tour les deux partis
qui divisaient l'état, et il se réunissait à l'un ou à
l'autre selon l'avantage qu'il y trouvait dans le moment ;
aussi n'avait-il ni alliés fidèles ni zélés protecteurs. Sa
vie était une vie de troubles et de dangers. Sans cesse
obligé d'avoir recours aux expédiens pour se retirer de
quelque mauvais pas où il s'était engagé, il prenait tous
les détours qu'il jugeait nécessaire pour atteindre son
but ; mais une fois qu'il était lancé, il le dépassait souvent, tandis qu'en suivant une marche plus directe, il
lui eût été facile d'y parvenir.

CHAPITRE XXIV.

―――

« Je ne m'avancerai qu'avec précaution;
» Je sais qu'il faut armer, en cette occasion ,
» Et mes yeux de prudence et mon bras de courage ,
» Comme si d'un lion j'allais braver la rage
» Dans l'antre où sa fureur se croit en sûreté. »

Ancienne comédie.

En sortant d'un défilé qui les conduisit sur les bords
du lac, nos voyageurs découvrirent l'ancien château
d'Avenel. Le vieillard s'arrêta, et, le coude appuyé sur
son bâton de pèlerin, il examina attentivement le spectacle qu'il avait sous les yeux. Le château, comme nous
l'avons dit, tombait en ruines dans beaucoup d'endroits;
dans d'autres il semblait encore assez solide; une co-
lonne de fumée qui s'élevait des cheminées du donjon,
et formait dans l'air une longue trainée, indiquait qu'il
était habité; mais on ne voyait sur le bord du lac aucun

de ces enclos, aucun de ces pâturages qu'on trouvait ordinairement près de la demeure des barons, même d'un rang inférieur. Point de chaumières ni de jardins entourés de beaux sycomores ; point d'église surmontée de son humble tourelle ; dans la vallée, point de moutons ; sur les collines, point de bestiaux ; dans la plaine, aucun signe de culture, aucune trace de ces travaux champêtres, fruit de l'industrie et de la paix. Il était clair que les habitans, quel que fût leur nombre, devaient être regardés comme formant la garnison du château ; qu'ils demeuraient dans son enceinte ; et que, pour subsister, ils devaient employer d'autres moyens que ceux auxquels on a recours dans un état paisible.

C'était sans doute dans cette conviction que le vieillard dit en regardant le château : — *Lapis offensionis et petra scandali ;* et, se tournant vers Halbert, il ajouta : Nous pouvons dire de ce fort ce que le roi Jacques disait d'une autre forteresse de cette province : celui qui l'a bâtie devait être un brigand au fond du cœur.

— Non, reprit Glendinning, ce château fut construit par les anciens seigneurs d'Avenel, qui ne se faisaient pas moins aimer pendant la paix que craindre en temps de guerre. Ils étaient le rempart des frontières contre les étrangers, et protégeaient les habitans contre toute oppression domestique. Celui qui a usurpé leurs titres et leurs biens ne leur ressemble pas plus que le hibou ne ressemble au faucon parce qu'il habite le même rocher.

— Ce Julien d'Avenel n'est donc pas très-aimé de ses voisins ?

— Si peu que, à l'exception des *Jacks* qu'il s'est associés, et dont il a un grand nombre à sa disposition, je ne sais qui consentirait à vivre dans sa société. Plus d'une fois il a été déclaré hors la loi tant par l'Angleterre que par l'Écosse ; ses biens ont été confisqués, et sa tête mise à prix. Mais, dans ces temps de troubles, un homme aussi entreprenant que Julien a toujours quelques amis prêts à le protéger contre la loi, en échange des services secrets qu'on exige de lui.

— Vous me peignez un homme bien dangereux.

— Vous pourrez vous en convaincre si vous ne vous montrez pas plus rusé que lui, quoique cependant il soit possible qu'il se soit séparé de la communion de l'Église pour s'égarer dans les sentiers de l'hérésie.

— Ce que vous appelez les sentiers de l'hérésie, reprit Warden, est en effet la voie étroite : celui qui la suit ne s'en écarte pas, ni pour des intérêts mondains, ni pour écouter les passions mondaines. Ce baron d'Avenel m'est personnellement inconnu ; il n'est pas de notre congrégation ; cependant j'ai pour lui des lettres écrites par des personnes qu'il doit craindre, s'il ne les respecte pas, et c'est sur cette assurance que je ne redoute pas de me présenter devant lui.

— Recevez donc du moins quelque avis que je crois utile de vous donner, et qui sont fondés sur la connaissance que j'ai du pays et de ses habitans. S'il vous est possible de trouver quelque autre asile, n'entrez pas dans le château d'Avenel ; si vous êtes déterminé à vous y présenter, tâchez du moins d'obtenir de Julien un sauf-conduit, et faites-le jurer par la *croix noire* (1) ; observez encore s'il s'assied à sa table avec vous, et s'il

(1) Voyez sur la croix noire de Melrose les notes du *Lai du dernier Ménestrel*. — Éd.

porte les lèvres à la coupe de l'hospitalité avant de vous l'offrir ; autrement méfiez-vous de ses intentions à votre égard.

— Hélas! dit le prédicateur, ce château terrible est maintenant le seul endroit où je puisse espérer un asile, et je compte sur la protection du ciel pour me le procurer : mais vous-même, bon jeune homme, ne craignez-vous pas de pénétrer dans cet antre dangereux?

— Je crois pouvoir le risquer, répondit Halbert. Je suis connu de Christie de Clinthill, chef des Jacks de ce Julien d'Avenel; et ce qui me rassure encore plus, c'est que je n'ai rien qui puisse exciter l'envie ou la cupidité.

Ils entendirent dans ce moment derrière eux les pas d'un cheval, et en se retournant ils virent un cavalier qui avançait rapidement de leur côté.

Halbert Glendinning reconnut aussitôt Christie de Clinthill, et il avertit Warden de son approche.

— Ah! ah! mon jeune camarade, lui dit Christie, vous voilà donc enfin dans nos parages? Je vous l'avais bien dit que vous finiriez par là. Vous venez vous enrôler sous les drapeaux de mon noble maître, n'est-ce pas? Eh bien, parbleu! vous avez raison. Vous trouverez en moi un ami qui en vaut bien un autre, je vous en réponds; et avant un mois je veux que vous connaissiez le métier aussi bien que si vous étiez né une jaquette sur le dos et une lance à la main. Quel est ce vieux hibou qui vous accompagne? Il n'est pas du monastère de Sainte-Marie, du moins il n'a pas sur le dos la marque (1) de ce bétail noir.

(1) *Buist*, l'empreinte du propriétaire appliquée au troupeau.
ÉD.

— C'est un voyageur qui désire parler à Julien
Avenel. Quant à moi je vais à Édimbourg, je veux voir
la reine et la cour ; et lorsque je reviendrai nous par-
lerons de l'offre que vous m'avez faite. Pour le moment,
comme vous m'avez souvent invité à venir au château,
j'y réclame l'hospitalité pendant cette nuit, pour moi
et pour mon compagnon.

— Pour vous, très-volontiers, mon jeune ami; mais
nous ne recevons pas de pèlerins, ni personne qui leur
ressemble.

— Permettez-moi de vous faire observer, dit Warden,
que j'ai des lettres de recommandation pour votre maître; elles m'ont été remises par un ami sûr à qui il
rendrait volontiers un plus grand service que celui de
m'accorder une protection de courte durée. Je ne suis
pas un pèlerin, et je méprise la superstition qui inspire
ceux qui portent ce titre.

Il présenta ses lettres à Christie, qui secoua la tête
en les lui rendant.

— Bon! bon! c'est à mon maître d'examiner tout
cela, et je crois bien que ce sera tout au plus s'il pourra
les lire lui-même. Quant à moi, ma lance et mon épée,
voilà mes livres et mon psautier; je n'en ai jamais eu
d'autres depuis l'âge de douze ans. Mais je vais vous
conduire au château, et le baron d'Avenel décidera
lui-même quel parti il convient de prendre à votre
égard.

Ils étaient alors devant le pont-levis. Christie, par un
coup de sifflet aigu, se fit reconnaître des gardes, et
aussitôt le pont-levis fut baissé. Il passa le premier, et
disparut bientôt sous la voûte ténébreuse qui conduisait au château.

Glendinning et son compagnon le suivirent de loin, et ils s'arrêtèrent un instant à l'entrée de la porte sur laquelle on voyait encore les anciennes armes de la maison d'Avenel, gravées sur une pierre rouge. Elles représentaient une femme entièrement voilée qui occupait tout le champ de l'écusson. C'était, disait-on, l'image de l'être mystérieux appelé la Dame Blanche d'Avenel (1). La vue de ces armes déjà presque effacées par le temps rappela à Halbert les étranges circonstances qui avaient lié sa destinée à celle de Marie Avenel, et qui l'avaient mis en rapport avec l'esprit familier de la famille de cette jeune orpheline. Il avait déjà vu son effigie sur le cachet de Walter Avenel qui avait été sauvé du pillage, et apporté à Glendearg lorsque la mère de Marie avait été forcée de quitter sa demeure.

— Vous soupirez, mon fils, dit le vieillard remarquant l'impression pénible qu'éprouvait Halbert, mais se méprenant sur la cause qui l'avait produite : si vous craignez d'entrer, nous pouvons encore retourner sur nos pas.

— Non, non, il n'est plus temps, dit Christie de Clinthill, qui entra dans ce moment sous l'arcade par une porte latérale ; retournez-vous, et voyez s'il vous convient de traverser la rivière à la nage comme des canards, ou de fendre les airs comme des étourneaux.

Ils regardèrent, et virent en effet que le pont-levis sur lequel ils venaient de passer avait été levé de nouveau. Christie se mit à rire et leur dit de le suivre ; puis il ajouta à voix basse, en s'adressant à Halbert : Quel-

(1) Il y a encore une ancienne famille anglaise dont les armes étaient et sont peut-être encore un fantôme en champ d'argent.

ÉD.

que demande que vous fasse le baron, répondez hardiment et sans crainte. N'allez pas vous aviser de chercher vos mots, et surtout qu'il ne vous intimide pas. Le diable n'est pas si noir qu'on le peint.

A ces mots il les fit entrer dans le vaste vestibule qui servait de salle à manger. Un excellent feu y était allumé; la longue table de chêne, placée suivant l'usage au milieu de l'appartement, était déjà préparée pour le souper du baron et de ses principaux vassaux. Cinq ou six d'entre eux, d'une taille et d'une force prodigieuses, se promenaient au bout de la salle, et leurs grosses bottes, ainsi que leurs longues épées qui traînaient jusqu'à terre, faisaient un bruit peu harmonieux. Des jaquettes de buffle revêtues de fer formaient la principale partie de leur habillement; et ils portaient sur la tête des casques ou de grands chapeaux rabattus, surmontés de plumes flottantes de diverses couleurs.

Le baron d'Avenel avait ces formes athlétiques et cet air belliqueux que le pinceau de Salvator Rosa se plaisait surtout à reproduire. Un manteau richement brodé, mais qui, porté sans cesse et souvent exposé à la pluie, avait perdu le lustre de sa première couleur, était jeté négligemment autour de lui, et ne laissait apercevoir qu'en partie un pourpoint de buffle sous lequel on distinguait une légère cotte de mailles qu'on appelait *secret*, parce que c'était une défense secrète contre l'assassinat. Une ceinture de cuir soutenait d'un côté une longue et pesante épée, et de l'autre un brillant poignard qui avait appartenu jadis à sir Piercy Shafton, mais dont la riche garde était déjà ternie, soit par suite de négligence, soit qu'il eût déjà servi plus d'une fois à son nouveau maître.

Malgré la singularité de ce costume, Julien Avenel
avait un maintien noble et des manières qui le distin-
guaient de ses satellites. Il pouvait avoir au moins cin-
quante ans; mais l'âge n'avait pas adouci le feu de son
regard, ni modéré la fougue de son caractère. Il avait
une physionomie heureuse, car la beauté était hérédi-
taire dans sa famille; mais les fatigues avaient ridé son
visage, et l'habitude de se livrer à la violence de ses
passions avait donné à ses traits une expression de dureté qui ne leur était pas naturelle.

Il semblait absorbé dans de profondes réflexions, et
se promenait à grands pas à quelque distance de ce
qu'on aurait pu appeler sa petite cour. De temps en
temps il s'arrêtait pour caresser le faucon femelle qu'il
portait sur le poing. L'oiseau ne semblait pas insensible à ses caresses; il agitait ses plumes et becquetait
la main de son maître. Alors le baron souriait quelquefois, mais c'était pour reprendre aussitôt le cours de ses
sombres méditations. Il ne daignait pas même regarder
un objet devant lequel il eût été impossible à tout autre
de passer sans lui payer le tribut d'admiration qu'il ré-
clamait.

C'était une femme d'une beauté extraordinaire, vêtue
avec plus d'élégance que de richesse, et assise près de
la cheminée. Les brasselets qu'elle avait autour du
bras, la chaîne d'or qui se jouait autour de son cou, sa
robe verte traînante, la ceinture brodée en argent à laquelle était suspendu le trousseau de clefs, ornement
honorable que la femme ménagère s'enorgueillissait de
porter, le *couvrechef* (1) de soie jaune qui cachait une partie

(1) L'auteur se sert de cette expression française en mettant
entre parenthèse le mot écossais *curch,* coiffe. — Éo

14.

de ses beaux cheveux noirs; et surtout la circonstance indiquée si délicatement dans la vieille ballade, que la ceinture était trop courte, et que la robe verte, trop étroite pour la taille qu'elle avait alors, auraient annoncé que c'était l'épouse du baron.

Mais l'humble siège sur lequel elle était assise, l'expression de mélancolie profonde empreinte dans tous ses traits, et qui se changeait en un timide sourire toutes les fois qu'elle entrevoyait le moindre espoir de rencontrer les regards de Julien Avenel, sa douleur muette, son abattement lorsqu'elle se voyait entièrement oubliée, ce n'était point là les attributs d'une épouse, ou c'étaient ceux d'une épouse délaissée et bien malheureuse.

Julien Avenel continua de se promener dans la salle sans avoir pour elle aucune de ces attentions muettes auxquelles toute femme a des droits, et dont la galanterie a fait un devoir. Il semblait ne pas même s'apercevoir de sa présence ni de celle de ses amis, et il ne sortait de sa rêverie que pour s'occuper du faucon. La dame le suivait continuellement des yeux, comme si elle eût voulu trouver l'occasion de lui parler, ou qu'elle cherchât quelque chose d'énigmatique dans les expressions dont il se servait en parlant à l'oiseau.

Nos deux voyageurs eurent tout le temps de faire ces remarques; car à peine furent-ils entrés dans l'appartement, que leur introducteur, Christie de Clinthill, après avoir échangé quelques regards avec les autres vassaux, fit signe à Halbert et à son compagnon de rester debout en silence près de la porte. Quant à lui il s'approcha de la table, et se plaça dans la position la plus favorable pour fixer l'attention du baron, lorsqu'il plairait à celui-ci de regarder autour de lui; mais il n'osa troubler son maître dans ses réflexions en lui adressant la parole. Le regard de cet homme, naturellement hardi et effronté, prenait une expression bien différente lorsqu'il était en présence de Julien. Tel un gros dogue, rebuté par son maître, se couche humblement à ses pieds, et attend patiemment un signe ou une caresse.

Malgré la singularité de sa position et les sentimens pénibles qu'elle devait lui inspirer, Halbert éprouvait un vif intérêt pour la dame, assise près de la cheminée sans que personne lui adressât un seul mot. Il remarquait avec quelle tendre sollicitude elle écoutait jusqu'au moindre mot de Julien; avec quelle attention craintive elle jetait sur lui un regard fugitif, prête à détourner aussitôt la vue s'il semblait s'en apercevoir.

Pendant ce temps, Julien continuait à jouer avec son oiseau favori, tantôt lui donnant, tantôt lui retirant le morceau qu'il lui destinait, excitant son avidité pour avoir ensuite le plaisir de la satisfaire. — Comment! encore? ah! friponne, tu n'en aurais jamais assez. Qu'on te donne quelque chose, tu veux tout avoir. Oui, redresse-toi, fais la coquette: crois-tu que je ne te connaisse pas maintenant? crois-tu que je ne sache pas que tout ce manège n'est pas pour plaire à ton maître, mais pour voir ce que tu pourras tirer de lui, petite gloutonne? Allons, tiens, sois contente; te voilà fière à présent. Voilà comme on te plaît à toi et à tout ton sexe.

Il traversa de nouveau la salle; puis prenant sur une assiette un autre morceau de viande, il se remit à agacer l'oiseau, en le lui offrant, mais sans le lui donner, de manière à exciter l'emportement de ce favori. — Ah!

ah! tu veux te débattre, tu veux me donner des coups
de bec? tu voudrais t'enfuir, n'est-ce pas? Oui, mais
tu es prisonnière, et tu ne prendras ton essor que
quand je le voudrai bien. Ne t'avise pas de continuer,
petite folle, ou bien je te ferai couper la tête quelqu'un
de ces jours. Allons, prends, friponne, tu savais bien
que je finirais par là. Eh! Jenkin! — Un homme de sa
suite s'avança : Tenez, prenez-la, elle m'ennuie; ayez
soin qu'on la baigne aujourd'hui; demain nous la verrons voler. — Comment, Christie, déjà de retour!

Christie s'approcha de son maître, et lui raconta
son voyage, de la même manière qu'un officier de
police fait son rapport au magistrat, c'est-à-dire autant
par signes que de vive voix.

— Mon noble maître, dit ce digne satellite, le laird
de..... il ne nomma pas l'endroit, mais il montra du
doigt le sud-ouest, dit qu'il ne pourra pas vous accompagner au jour convenu comme il se le proposait,
parce que le gouverneur des frontières l'a menacé
de.....

Ici nouvelle lacune que l'orateur remplit assez élo-
quemment en passant le doigt sur son cou d'une manière très-expressive.

— Le misérable poltron! s'écria Julien; par ma foi,
il n'y a plus que des lâches dans ce monde; un homme
qui a du cœur n'y saurait plus vivre. Vous marcheriez
un jour entier sans voir un seul panache flotter dans
les airs, sans entendre hennir un cheval. La noble ardeur de nos ancêtres est éteinte parmi nous. Les brutes
même sont dégénérées. Le bétail que nous enlevons
au péril de notre vie n'a plus que la peau et les os;
nos faucons ne prennent plus leur proie que par les

plumes (1) ; nos chiens ne sont plus que de véritables tourne-broches, nos hommes sont des femmes, et nos femmes sont....

Il regarda pour la première fois la jeune dame, et n'acheva pas la phrase ; mais au regard de dédain et de mépris qu'il lui lança, il était facile d'interpréter son silence, et il était évident qu'il voulait dire : et voilà ce que sont nos femmes !

Il ne le dit pas cependant ; et la dame, voulant attirer son attention de quelque manière que ce fût, se leva et s'avança vers lui ; mais la gaieté qu'elle affectait cachait mal sa terreur. — Eh bien ! nos femmes, Julien, qu'en vouliez-vous dire ?

—Rien absolument, répondit Julien, si ce n'est que ce sont de bonnes filles comme toi, Catherine.

La jeune dame rougit, et retourna à sa place.

— Quels sont ces étrangers, Christie, ajouta-t-il, qui sont là debout comme deux statues ?

— Le plus grand s'appelle Halbert Glendinning, c'est le fils aîné de mistress Elspeth de Glendearg.

— Que vient-il faire ici ? Nous apporte-t-il quelque message de la part de Marie Avenel ?

— Non que je sache, dit Christie : il rôde dans le pays sans trop savoir, je crois, ni ce qu'il fait ni où il va. Il eut toujours le caractère assez bizarre. Son bonheur est de courir dans les bois et dans les plaines. Je puis vous en parler, car il n'était pas plus haut que mon épée lorsque j'ai commencé à le connaître.

---

(1) *Our hawks are riflers,* nos faucons ne sont plus que des *voleurs ;* c'était le terme de mépris pour désigner un mauvais faucon qui ne prenait plus sa proie que par les plumes. — Éd.

— A-t-il quelques talens? demanda le baron.

— S'il en a! il sait abattre un daim, poursuivre un chevreuil, faire voler un faucon, conduire les chiens. Il n'est pas un meilleur archer en Écosse, et il manie une lance ou une épée presque aussi bien que moi : je ne vois pas ce qu'il faut de plus pour en faire un brave.

— Et quel est ce vieillard près de lui?

— Quelque prêtre, j'imagine; il dit qu'il a des lettres à vous remettre.

— Qu'ils approchent, reprit le baron : et lorsqu'ils furent plus près de lui, frappé de la taille et de la force d'Halbert Glendinning, il lui dit : J'apprends, jeune homme, que vous courez le monde pour chercher fortune. Si vous voulez entrer au service de Julien Avenel, vous pouvez la trouver sans aller plus loin.

— Excusez-moi, reprit Glendinning, mais j'ai des raisons pour quitter sur-le-champ cette province, et je vais à Édimbourg.

— Comment! Je parierais que tu as tué quelque daim de sa majesté; ou bien peut-être tu as fait prendre une direction un peu oblique à quelques bestiaux qui paissaient dans les prairies du monastère.

— Non, monsieur, je suis dans une position toute différente.

— Alors je gage que tu auras envoyé dans l'autre monde quelque rustre qui se sera avisé de vouloir te disputer l'objet de tes amours. Tu es un gaillard à ne pas laisser une pareille offense impunie.

Révolté de son ton et de ses manières, Halbert Glendinning garda le silence, et il se demandait ce qu'eût dit Julien Avenel s'il eût su que la querelle dont il par-

lait si légèrement avait eu pour cause innocente la fille
de son frère.

— Mais, quel que soit le motif qui t'oblige de fuir,
ajouta Julien, penses-tu que la loi et ses émissaires
puissent te poursuivre jusque dans cette île, et t'arrêter
lorsque tu es sous la protection d'Avenel. Regarde la
profondeur du lac et la force de ces murailles. Regarde
mes compagnons; crois-tu qu'ils souffrent qu'on porte
la main sur leur camarade; moi-même, crois-tu que je
sois homme à abandonner un serviteur fidèle, qu'il ait
tort ou raison? Tu peux compter que le jour où tu
arboreras mes couleurs, il se fera une trève éternelle
entre toi et la justice, puisque c'est, je crois, le nom
qu'on est convenu de lui donner; et tu pourras passer
auprès du gouverneur des frontières sans que son chien
ose seulement aboyer après toi.

— Je vous remercie de vos offres, reprit Halbert,
mais je ne puis les accepter; ma fortune m'appelle
ailleurs.

— Jeune fou! dit Julien en lui tournant le dos; et
faisant signe à Christie d'approcher, il lui dit à l'oreille :
— Le drôle promet, Christie; il faut nous l'attacher.
Ce sont des hommes de cette espèce qu'il nous faut.
Depuis quelque temps tu ne m'amènes plus que le rebut
du genre humain; des misérables qui ne valent pas la
flèche qui met fin à leurs jours. Ce jeune homme est
taillé comme saint Georges. Qu'on lui prodigue le vin,
que nos belles tendent leurs filets autour de lui comme
des araignées; tu m'entends? Christie lui répondit par
un geste expressif, et il se retira à une distance respec-
tueuse de son maître.

— Et vous, vieillard, dit le baron en se tournant du

côté de Henry Warden, courez-vous aussi après la fortune? il me semble du moins que vous ne l'avez pas encore rencontrée.

— Peut-être serais-je plus à plaindre que je ne le suis à présent, reprit Warden, si j'avais rencontré en effet cette fortune après laquelle j'ai fait la folie de courir, comme tant d'autres, dans ma jeunesse.

— Écoute-moi, l'ami, dit le baron; si ta robe de serge et ton long bâton suffisent à tes désirs, je suis charmé que tu sois aussi pauvre qu'il le faut pour le bien de ton corps et de ton ame. Tout ce que je désire savoir, c'est le motif qui t'amène dans mon château, où il est rare de voir des oiseaux de ton plumage. Tu es, je le parie, quelque pauvre moine d'un couvent supprimé qui paie cher dans ses vieux jours la molle oisiveté dans laquelle il a passé sa jeunesse; ou peut-être quelque pèlerin, la besace pleine de mensonges apportés de Saint-Jacques de Compostelle ou de Notre-Dame de Lorette, ou quelque marchand de reliques et d'indulgences qui nous arrive de Rome pour racheter nos péchés à tant la pièce. Je devine pourquoi tu t'es associé ce garçon; c'est pour qu'il porte ta besace et qu'il mendie pour toi. Mais je déjouerai vos projets, et je ne souffrirai pas qu'un brave jeune homme s'oublie au point de courir le pays avec un vieux pécheur tel que toi, comme Simon et son frère (1). Hors d'ici, ajouta-t-il en prenant un ton de colère toujours croissante, sans doute pour effrayer le vieillard et le forcer à fuir sans lui laisser la possibilité d'une réplique, tant il parlait

_____

(1) Deux *questionarii* ou frères mendians, dont l'accoutrement et la friponnerie font le sujet d'un vieux poème satirique écossais. — Éd.

avec vitesse; hors d'ici à l'instant même! ou, par la famille d'Avenel! je mets les chiens à tes trousses!

Warden attendit avec la plus grande patience que Julien Avenel, étonné que ses menaces et que sa violence ne fissent aucune impression sur lui, s'arrêtât lui-même, et dît d'un ton moins impérieux : — Eh bien! vous ne répondez pas?

— Lorsque vous aurez fini de parler, dit Warden avec le même calme, je pourrai vous répondre.

— Parle sur-le-champ, de par tous les diables! mais ne va pas mendier ici! quand ce ne serait qu'un morceau que mes chiens dédaigneraient, je ne le donnerais pas à un homme de ton espèce.

— Si vous saviez ce que je suis, vous parleriez peut-être autrement, répondit froidement Warden; je ne suis ni moine ni frère mendiant, et je serais même bien aise d'apprendre ce que vous pouvez alléguer contre ces imposteurs, qui font le plus grand tort à l'Église.

— Qui êtes-vous donc enfin?

— Je prêche la parole de Dieu, et cette lettre vous dira pourquoi vous me voyez ici.

Henry Warden remit un papier au baron, qui en regarda le cachet d'un air de surprise; puis il jeta les yeux sur la lettre, qui parut le surprendre encore davantage. Regardant ensuite fixement l'étranger, il lui dit d'un ton menaçant : — Sans doute vous n'oseriez ni me tromper ni me trahir?

— Mon caractère, ma profession doivent vous en être le plus sûr garant.

Julien Avenel se retira dans l'embrasure d'une croisée pour lire, ou du moins pour essayer de lire la lettre, et souvent il levait les yeux sur l'étranger qui la lui avait remise, comme pour apprendre dans ses regards ce qu'elle pouvait contenir. A la fin Julien appela la jeune dame. — Catherine, lui dit-il, va me chercher la lettre que je t'ai recommandé de me garder dans ta cassette, ne sachant où la mettre moi-même.

Catherine obéit avec l'empressement d'une personne charmée de l'occasion d'être utile ; et sa marche rendait encore plus visible la situation où elle était, et qui réclame tout l'intérêt des hommes. Elle revint bientôt, et remit le papier à Julien, qui lui dit d'un ton assez froid : — Merci, ma bonne ; c'est bien, j'aime à voir que tu t'acquittes avec soin de tes fonctions de secrétaire.

Il lut et relut ce second papier, et il jetait encore de temps en temps un regard scrutateur sur Henry Warden. Pendant cet examen le prédicateur conserva le plus grand sang-froid, et il déconcerta plus d'une fois le baron par le calme et la noblesse de son maintien. Julien finit par plier les deux papiers; il les mit dans la poche de son manteau; son front s'éclaircit, et il s'avança vers la jeune femme : — Catherine, lui dit-il, je faisais injure à ce brave homme lorsque je le prenais pour un de ces frelons de Rome. C'est un prédicateur, Catherine, un prédicateur de la nouvelle doctrine des seigneurs de la congrégation.

— La doctrine des saintes Écritures, répondit Warden, purifiée du faux alliage des hommes.

— C'est possible; ma foi, appelez-la tout comme vous voudrez; tout ce que je sais, c'est qu'on me la recommande parce qu'elle dissipe toutes ces vaines chimères et de saints, et d'anges, et de diables, et qu'elle nous délivre de la tyrannie de ces moines qui, Dieu merci, ne nous ménageaient pas. Plus de messes, plus de dîmes, plus d'offrandes, plus de psaumes, plus de prières, plus de baptêmes, et surtout plus de mariages.

— Qu'il me soit permis de vous dire, reprit Henry Warden, que c'est la corruption et non les doctrines fondamentales de l'Église que nous désirons attaquer : nous voulons régénérer et non détruire.

— Silence ! s'écria le baron, nous autres laïques nous nous soucions peu de ce que vous voulez édifier, pourvu que vous renversiez ce qui gêne notre passage. C'est surtout là ce qui convient à nous autres Écossais des frontières ; car notre métier est de mettre le monde sens dessus dessous, et nous sommes heureux quand ce qui était le plus bas devient le plus haut.

Warden allait répondre ; mais le baron ne lui en laissa pas le temps, et, frappant la table du bout de son poignard, il s'écria : — Allons, paresseux valets, servez vite le souper. Ne voyez-vous pas que ce saint homme l'attend impatiemment ? Ne savez-vous pas qu'un prêtre et un prédicateur sont dans l'usage de faire leurs cinq repas par jour ?

Il fut obéi à l'instant, et l'on apporta plusieurs grands plats de terre remplis d'énormes morceaux de bœuf, tant bouillis que rôtis, mais tous apprêtés de la même manière ; point de légumes et même point de pain, à l'exception de quelques gâteaux d'avoine placés dans une corbeille au bout de la table. Julien Avenel fit quelques excuses à son hôte.

— Vous nous avez été recommandé par une personne que nous honorons infiniment, messire prédicateur.

— Je suis certain, répondit Warden, que le très-noble lord.....

— Paix! que sert de nommer personne, du moment que nous nous entendons l'un l'autre? Je voulais dire qu'on nous recommande de veiller à votre sûreté, et d'avoir pour vous tous les égards dus à votre caractère. Sur le premier point, vous n'avez rien à craindre; regardez mes murailles et le lac qui les entoure. Pour l'agrément que vous trouverez en ces lieux, c'est autre chose; nous n'avons pas de grains à nous, et il n'est pas très-facile d'en faire venir du midi. Mais, après tout, vous aurez du vin, et du meilleur; vous prendrez place à table entre Catherine et moi. Toi, Christie, charge-toi de notre jeune hôte, et veille à ce qu'on nous apporte du vin.

Le baron s'assit, suivant l'usage, au haut bout de la table; et Catherine, d'un air plein de douceur, invita l'étranger à venir prendre la place qui lui était réservée entre eux. Mais, malgré la fatigue et la faim qu'il éprouvait, Henry Warden continua à rester debout.

CHAPITRE XXV.

_____

> « Quand une femme aimable, au devoir infidèle,
> « Reconnaît, mais trop tard, que l'homme est un trompeur,
> « . . . .
> « . . . . »
>
> GOLDSMITH.

JULIEN AVENEL vit avec surprise la conduite du pieux étranger. — Que Dieu me maudisse! s'écria-t-il, ces nouveaux religionnaires ont aussi leurs jours de jeûne : les anciens n'imposaient ces abstinences qu'à nous autres laïques.

—Nous ne reconnaissons point de semblables règles, répondit le prédicateur; nous prétendons que notre foi ne consiste pas à faire usage ou à s'abstenir de certains mets à des jours désignés; nous déchirons notre cœur et non nos vêtemens.

— Tant mieux, tant mieux pour vous et tant pis

15.

pour le tailleur, reprit le baron. Mais voyons, assieds-toi, ou, s'il faut nécessairement que tu nous donnes un échantillon de ta nouvelle doctrine, commence ton grimoire.

—Sire baron, répondit Warden, je suis sur une terre étrangère où je vois que ni ma mission ni ma doctrine ne sont connues, et où l'une et l'autre sont même mal interprétées. Mon devoir est de ne rien faire qui puisse compromettre la dignité de mon maître; mon devoir est de ne pas donner au péché une nouvelle audace en semblant l'approuver.

— Arrêtez! dit le baron; songez que c'est pour votre sûreté qu'on vous envoie en ces lieux, et non pas pour me faire des sermons qui m'ennuient. Voyons, que voulez-vous? Songez que vous parlez à un homme dont la patience est plus courte que l'épée.

— Eh bien donc, dit Henry Warden, cette dame.....

— Comment, cette dame! qu'en voulez-vous dire? s'écria le baron, dont la colère s'allumait déjà.

— Est-elle votre ménagère? dit le prédicateur après avoir cherché un instant la meilleure manière d'exprimer ce qu'il avait à dire : en un mot, est-elle votre épouse?

La malheureuse dame se cacha le visage dans les mains; mais la rougeur qui colorait son front, les larmes qui se frayaient un passage à travers ses doigts délicats, indiquaient tout à la fois et sa douleur et sa confusion.

— De par les cendres de mon père! s'écria le baron en se levant, et poussant avec tant de violence le siège sur lequel il était assis, qu'il alla frapper le mur de l'autre côté de l'appartement; puis s'arrêtant tout à coup, il se dit à lui-même : — Je suis bien bon de faire attention aux discours d'un insensé ! Il se remit alors à sa place, et répondit d'un air froid et dédaigneux : — Non, monsieur, Catherine n'est pas ma femme. Cesse tes doléances, folle que tu es. Elle n'est pas ma femme, je vous le répète ; mais nos mains sont unies (1), et c'est assez pour qu'elle soit une honnête femme.

— Vos mains sont unies ! répéta Henry Warden.

— Ne connaissez-vous pas cette coutume ? dit Avenel d'un ton de dérision ; eh bien ! je vais vous l'apprendre. Nous autres habitans des frontières nous poussons plus loin la prudence que vos paysans des comtés de Fife et de Lothian. — Nous ne sautons pas le fossé les yeux fermés. — Avant de nous donner des fers, nous voulons voir s'ils ne nous blesseront pas. Nous prenons nos femmes comme nos chevaux, à l'essai. Lorsque nos mains sont unies, c'est l'expression d'usage, nous sommes mari et femme pour un an et un jour ; au bout de ce temps, chacun est libre ou de faire un autre choix, ou d'appeler un prêtre pour cimenter à jamais son mariage : voilà ce que nous appelons unir les mains.

— Eh bien ! reprit Warden, je vous dirai, par intérêt pour le salut de votre ame, que c'est un usage pervers, établi par la licence et la débauche. Il vous unit à la malheureuse qui est l'objet de vos désirs, et il vous relève de vos sermens lorsqu'elle a le plus de droit à la pitié ; il sacrifie tout à la sensualité, et paralyse les sentimens nobles et généreux. Oui, je ne craindrai pas

(1) *Hand fasted ;* c'est ce qu'on appelle en Écosse le mariage de la main touchée. En général, le mariage même en règle n'entraîne pas en Écosse de très-grandes cérémonies. La loi est aussi fort libérale, car elle légitime les enfans nés avant le mariage. — Éd.

de vous le dire, celui qui est capable de rompre un pareil engagement, d'abandonner l'infortunée qu'il avait attachée à son sort, qui peut-être l'avait rendu père, est cent fois plus barbare et plus féroce que les oiseaux de proie ; car ceux-ci n'abandonnent leurs compagnes que lorsque leurs petits peuvent déjà prendre leur essor dans les airs. Mais surtout cet usage est contraire au principe du christianisme qui donne la femme à l'homme pour partager ses travaux, adoucir ses peines, doubler ses jouissances et embellir sa vie ; et non comme un vain jouet pour charmer ses momens de loisir, ni comme une fleur qu'il peut jeter après l'avoir cueillie, si elle cesse de lui plaire.

— De par tous les saints ! voilà une homélie bien édifiante, et surtout le prédicateur a bien choisi son auditoire ! Or ça, messire l'évangéliste (1), croyez-vous avoir affaire à un sot ? Ne sais-je pas que votre secte naquit du gros Henry Tudor, parce que vous lui prêtâtes votre secours pour changer sa Catherine. Pourquoi n'aurai-je pas la liberté d'en faire autant de la mienne ? Chut, l'ami ; bénis le repas qu'on te donne, ne te mêle pas de ce qui ne te regarde pas : Julien Avenel n'est pas une dupe.

— Il s'est dupé lui-même, dit le prédicateur. Quand même il serait disposé à réparer, autant qu'il le peut, les torts qu'il a commis, peut-il rendre à sa malheureuse victime le sentiment de son honneur et de sa dignité ? Son enfant n'en sera pas moins le fils d'une mère coupable ? Sans doute il peut leur donner à tous deux le titre, le rang d'épouse, de fils légitime ; mais

(1) Prédicateur de l'Évangile. — Éd.

dans l'opinion publique leurs noms seront souillés d'une tache que ces efforts tardifs ne pourront effacer. Rendez-leur cependant, baron d'Avenel, rendez-leur cette justice. Dites-moi de vous unir à jamais, et de célébrer le jour de votre union, non par des fêtes et des réjouissances, mais par des larmes versées sur les erreurs passées, et en formant la résolution de commencer une nouvelle vie. C'est alors que je bénirai le malheur qui m'amena dans ce château.

Henry Warden s'exprimait avec tant de feu et d'enthousiasme, que le baron, tout accoutumé qu'il était à braver toute espèce de frein, sentit, pour la première fois peut-être de sa vie, l'ascendant d'un esprit supérieur. Il gardait le silence, ne sachant trop quel sentiment il devait écouter, ou la honte ou la colère, mais dompté par ces remontrances énergiques.

La pauvre Catherine, regardant le silence et l'air pensif de son tyran comme d'un heureux augure, surmonta sa crainte et sa confusion, dans l'espoir qu'Avenel se laisserait enfin attendrir; et, jetant sur lui un regard suppliant, elle s'approcha peu à peu de son siège, jusqu'à ce que, posant une main tremblante sur son manteau, elle se hasarda à lui dire : — Oh! noble Julien, écoutez ce digne homme!

L'occasion n'était pas favorable, et ce peu de mots produisit un effet tout contraire à celui qu'elle espérait.

Julien Avenel se leva furieux, en s'écriant : — Eh quoi! malheureuse, es-tu assez folle pour te réunir à ce vagabond qui me brave dans mon propre château? Éloigne-toi sur-le-champ; et songe bien que je suis à l'épreuve de l'hypocrisie de ton sexe et du mien.

La pauvre fille tressaillit comme éblouie des éclairs

qui sortaient de ses yeux ; pâle, et s'efforçant d'obéir à
ses ordres, elle fit quelques pas vers la porte. Mais les
forces lui manquèrent, et elle tomba sur le plancher
avec une telle violence, que le sang lui jaillit du front ;
la situation où elle se trouvait rendait sa chute encore
plus dangereuse. Halbert Glendinning ne put soutenir
la vue d'un spectacle aussi horrible ; il poussa un cri,
et se levant précipitamment, il porta la main sur son
épée, dans l'intention d'en percer le cruel Julien. Mais
Christie de Clinthill, devinant son projet, jeta ses bras
autour de lui, et l'empêcha de chercher même à l'exécuter.

Avenel était lui-même trop agité pour avoir remarqué
cette scène ; affligé des funestes effets de sa violence, il
soutenait dans ses bras la tête de Catherine, et cherchait à sa manière à calmer sa douleur.

— Allons, allons, Catherine, rassure-toi ; quoique
je ne veuille pas écouter les sermons de ce vieux rado-
teur, je n'ai pas dit ce qui pourrait arriver si tu me
donnais un beau garçon, fort et vigoureux. Voyons,
sèche tes larmes, appelle tes femmes.— Christie ! Rowley !
Hutcheon ! Voyez donc où elles sont : qu'elles viennent
à l'instant même !

Six femmes échevelées et au regard effaré se précipi-
tèrent dans la chambre ; elles emportèrent celle qu'on
pouvait regarder comme leur maîtresse ou comme leur
compagne. On ne reconnaissait qu'elle respirait encore
qu'au murmure plaintif qui s'échappait de ses lèvres et
à la main qu'elle tenait sur son cœur.

A peine était-elle retirée, que le baron, s'approchant
de la table, remplit une coupe de vin, et la vida d'un
trait ; puis, maîtrisant ses passions, il se tourna vers

le prédicateur, que la scène qui venait de se passer avait frappé d'horreur. — Vous nous avez traités trop durement, lui dit-il ; mais, d'après la manière dont vous m'avez été recommandé, je ne doute pas que vos intentions ne fussent bonnes. Écoutez mes avis. N'excitez pas encore un cheval qui n'est déjà que trop fougueux ; n'enfoncez pas trop profondément le soc de la charrue dans une terre neuve. Prêchez-nous la liberté spirituelle, et nous vous écouterons ; mais point d'esclavage. Allons, asseyez-vous ; buvons, et parlons d'autre chose.

— C'est précisément, reprit le prédicateur sur le même ton, de l'esclavage spirituel que je venais vous délivrer, d'un esclavage plus terrible que la prison même, de l'esclavage de vos funestes passions.

— Asseyez-vous, dit Avenel avec fierté ; asseyez-vous, et ne m'irritez pas davantage. Autrement, j'en jure par le cimier de mon père et l'honneur de ma mère...

— Pour le coup, dit Christie de Clinthill à l'oreille d'Halbert, s'il refuse de s'asseoir, je ne donnerais pas un liard (1) de sa tête.

— Croyez-vous que les menaces m'effraient ? reprit froidement Warden ; s'il faut manquer à mon devoir ou perdre la vie, mon choix n'est pas douteux. Oui, je vous dirai ce que saint Jean-Baptiste disait à Hérode : Il ne vous est pas permis de vivre avec cette femme ; je vous le dirai, quand même il devrait m'en coûter la vie ; la vie n'est rien auprès des devoirs que m'impose mon ministère.

Julien Avenel, outré de cette généreuse fermeté, jeta violemment la coupe qu'il tenait à la main, et fit un

_____

(1) *Grey groat.* — ÉD.

mouvement pour porter la main sur son poignard. Mais changeant de pensée, il s'écria : — Qu'on enferme dans la tour cet hypocrite! que personne ne me parle en sa faveur, ou mon ressentiment lui apprendra à s'en repentir.

Il fut obéi à l'instant. Henry Warden, sans montrer la moindre crainte, suivit deux des satellites du baron. Julien se promena quelque temps dans un morne silence; puis appelant Christie, il le chargea tout bas d'un message dont le but était sans doute de s'informer de la santé de la malheureuse Catherine, et il s'écria d'une voix de tonnerre : — Ces prêtres! il faut qu'ils se mêlent de tout. Ils nous rendent pires que nous ne serions sans eux.

La réponse qu'il reçut dans ce moment parut calmer un peu son agitation, et il prit place à table, en disant à sa suite d'imiter son exemple.

Pendant le repas, Christie essaya inutilement de lier conversation avec Halbert, qui était absorbé dans ses pensées. Les autres convives, voyant leur maître morne et taciturne, crurent devoir l'imiter. A la fin le baron parut sortir de sa rêverie, et frappant sur la table : — Comment donc! s'écria-t-il, on dirait un repas de moines ou de frères mendians. Si personne ne veut parler, que quelqu'un chante du moins. La musique fait le charme d'un repas. Louis, ajouta-t-il en parlant au plus jeune de ses compagnons, chante-nous quelque chose; il t'arrive assez souvent de le faire sans qu'on te le demande.

Le jeune homme regarda d'abord son maître, puis la voûte de la salle, vida une coupe pleine d'ale ou de vin qui était près de lui, et, d'une voix rude, mais non sans harmonie, il chanta les paroles suivantes sur l'air connu des : *Toques bleues passez la frontière :*

I.

Marchez, enfans de Liddesdale,
En bon ordre formez vos rangs:
Arrivez, bonnets bleus d'Eskdale,
Joignez-vous à nos combattans.
Voyez-vous flotter nos bannières?
Voyez-vous nos fiers chevaliers?
Ils viennent cueillir les lauriers
Que leur préparent les frontières.

Que tout retentisse en ces lieux
Du cri de guerre et du chant de victoire!
L'Écossais doit être victorieux
Quand il combat pour sa reine et la gloire.

II.

Descendez tous de ces montagnes
Où paissent vos nombreux troupeaux;
Quittez vos paisibles campagnes,
Vos lacs, vos vallons, vos coteaux.
Prenez la lance meurtrière,
Montez vos agiles coursiers,
Et que le fer de nos guerriers
Porte la mort en Angleterre.

Que tout retentisse en ces lieux
Du cri de guerre et du chant de victoire;
L'Écossais doit être victorieux
Quand il combat pour sa reine et la gloire.

Ce chant, tout imparfait qu'il était, avait un caractère guerrier qui, dans toute autre circonstance, eût fait une vive impression sur l'esprit d'Halbert; mais dans ce moment il était trop préoccupé pour en goûter le charme. Il pria Christie de lui permettre de se retirer dans la chambre qui lui était destinée, prière à laquelle ce digne personnage se rendit d'autant plus volontiers,

16

que le prosélyte qu'il voulait faire ne paraissait pas très-disposé à l'écouter; mais jamais sergent de recrutement ne prit plus de précautions que Christie de Clinthill pour que sa proie ne pût lui échapper. Halbert Glen-dinning fut conduit dans une chambre qui donnait sur le lac, et où se trouvait un lit à roulettes. Avant de le quitter, Christie eut grand soin d'examiner les barreaux placés en dehors de la fenêtre, et en sortant il n'oublia pas de fermer le double tour, circonstances qui apprirent au jeune Glendinning qu'il ne devait pas s'attendre à quitter quand il le voudrait le château d'Avenel. Il eut pourtant la prudence de ne communiquer à personne les réflexions que lui suggérait ce début alarmant.

A peine fut-il seul, qu'il repassa dans sa mémoire tous les événemens de la journée, et il trouva, à sa grande surprise, que son destin précaire et même la mort de sir Piercy Shafton l'occupaient moins que la fermeté de Warden.

La Providence, qui assortit ses moyens à ses fins, avait suscité dans la cause de la réforme un corps de prédicateurs dont l'énergie surpassait les lumières, courageux jusqu'à l'audace, fermes dans la foi, méprisant tous les obstacles, et marchant à l'accomplissement de leur mission par la voie la plus pénible pourvu qu'elle fût la plus courte. La brise peut faire fléchir le saule, mais il faut le souffle impétueux de la tempête pour agiter les rameaux du chêne. Dans un siècle moins grossier, les mœurs de ces hommes enthousiastes auraient été mal adaptées aux usages reçus; cependant ils réussissaient merveilleusement dans leur mission avec le peuple farouche auquel elle était adressée.

Voilà ce qui fit qu'Halbert Glendinning, qui avait

résisté aux argumens du prédicateur, fut malgré lui frappé de la fermeté de sa conduite dans la dispute qu'il avait eue avec Julien Avenel.

Sans doute il était contraire à la prudence de reprocher, dans un pareil lieu et devant de pareils témoins, ses erreurs à un baron que son caractère et sa position rendaient indépendant. Mais cette attaque énergique avait quelque chose de noble et de sublime. Un sentiment profond des devoirs de son ministère pouvait seul donner la force de le soutenir; et Glendinning, qui n'avait pu voir sans horreur la conduite d'Avenel, s'intéressait au courageux vieillard qui avait exposé sa vie plutôt que de ne pas lancer sur le vice l'anathème mérité. Cet excès de vertu lui semblait être, en fait de religion, ce que la chevalerie exigeait de ses enfans dans la guerre : une entière abnégation de soi-même, et l'emploi de toutes ses facultés, de toute son énergie, pour remplir son devoir.

Halbert était dans cet âge heureux où le cœur s'ouvre aisément aux émotions généreuses et où il sait les apprécier dans les autres ; il éprouvait, sans trop savoir pourquoi, que le salut de cet homme l'intéressait vivement. Sans examiner sa religion il admirait son courage; et, catholique ou hérétique, Henry Warden, dans cette circonstance, lui paraissait digne, par ses vertus, de son estime et de son respect. A ce sentiment d'intérêt se mêla celui de la curiosité. Il se demandé avec surprise quelles étaient donc ces doctrines capables d'arracher si complètement à lui-même celui qui les adoptait, et de le mettre au-dessus de la crainte des chaînes et de la mort. Il avait bien entendu parler des saints et des martyrs des anciens jours qui avaient bravé

par leur foi le trépas et les tortures; mais leur enthousiasme était depuis long-temps oublié, grace à l'indo-
lence de leurs successeurs; et leurs aventures, comme
celles des chevaliers errans, étaient plutôt lues comme
objet d'amusement que comme objets d'édification.
Une impulsion nouvelle avait été nécessaire pour ral-
lumer la flamme énergique du zèle religieux. Cette impulsion était déjà donnée en faveur d'une doctrine plus
pure, et le jeune Halbert se voyait pour la première fois
avec un de ses prédicateurs les plus ardens.

La pensée qu'il était lui-même prisonnier, et au pouvoir de ce baron féroce, ne diminuait en rien l'intérêt
qu'Halbert prenait au sort de son compagnon d'esclavage; il résolut d'imiter son courage, et se promit bien
que jamais ni menaces ni souffrances ne parviendraient
à le faire entrer au service d'un pareil maître. Bientôt
ses réflexions prirent un autre cours, et il chercha s'il
n'y aurait pas quelque moyen de s'évader. La chambre
qu'il occupait était au premier étage du château, et il
n'était pas assez éloigné du rocher qui lui servait de
base pour qu'un homme hardi et entreprenant ne pût
descendre sur une pointe rocailleuse qui s'élevait précisément sous la fenêtre, et d'où il devait être facile de
se jeter dans le lac qui environnait le château. — Si
j'étais une fois sur cette pointe, se disait Halbert, Julien Avenel et Christie ne me reverraient pas de si tôt.

Il examina attentivement la fenêtre : elle était assez
grande pour l'exécution de son entreprise, mais les
barres de fer dont elle était fermée semblaient former
une barrière insurmontable. Tandis qu'Halbert faisait
cet examen, il entendit quelques sons qui semblaient
partir d'en bas. Il redoubla d'attention, et distingua la

voix du prédicateur qui faisait ses prières du soir. Tâcher de lui parler fut alors sa première étude; il appela
doucement et on lui répondît: — Est-ce vous, mon
fils? La voix était beaucoup plus distincte que la première fois; car Warden s'était approché de la petite
ouverture qui servait de fenêtre à sa prison, et précisément sous la croisée d'Halbert.

Les prisonniers étaient assez près l'un de l'autre pour
pouvoir causer à voix basse. Halbert manifesta l'intention où il était de s'évader, et dit qu'il lui serait possible
d'exécuter son projet sans les barreaux de fer de sa fenêtre. — Au nom du ciel! mon fils, faites l'essai de vos
forces, lui dit le prédicateur. Halbert lui obéit sans
oser concevoir la moindre espérance, mais, à son grand
étonnement, et presque à sa terreur, le barreau, qui
n'était pas plombé à son extrémité supérieure, céda
d'un côté, et à force de l'agiter dans tous les sens,
Halbert finit par le détacher entièrement. Il dit aussitôt
à voix basse, mais cependant avec énergie: — De par
le ciel! la barre de fer est restée dans mes mains.

— Remerciez le ciel, mon fils, au lieu de l'attester
par des sermens, répondit Warden de sa prison.

Halbert Glendinning passa sans beaucoup de peine
au travers de l'ouverture qu'il avait si heureusement
trouvé moyen de faire, et, se servant de son ceinturon
de peau comme d'une corde, il l'attacha à l'un des barreaux et se glissa sur la pointe du rocher sur laquelle
donnait le soupirail du cachot où Warden était ren-
fermé. Mais il n'était pas possible que le prédicateur
s'échappât par cette issue, car cette ouverture n'était
pas plus grande qu'une barbacane, et semblait même
en avoir servi.

— N'y a-t-il pour moi aucun moyen de faciliter votre évasion, mon père? dit le jeune Glendinning.

— Aucun, mon fils; mais vous pouvez me rendre un grand service, et peut-être même me sauver la vie.

— Parlez! que faut-il faire?

— Vous charger d'une lettre que je vais écrire; j'ai dans ma valise tout ce qu'il me faut, même pour me procurer de la lumière. Prenez sur-le-champ la route d'Édimbourg; vous rencontrerez un corps de cavalerie s'avançant vers le sud. Remettez ma lettre au comte de Murray, qui le commande, et dites-lui dans quelle position vous m'avez laissé. Peut-être ce service ne restera-t-il pas sans récompense.

Au bout d'une minute ou deux, Halbert vit briller une petite lampe à travers le soupirail, et bientôt après le prédicateur lui passa un billet par le moyen de son bâton.

— Que Dieu répande sur vous ses bénédictions, mon fils, lui dit le vieillard, et achève l'œuvre merveilleuse qu'il a commencée!

— Adieu, mon père, répondit Halbert.

Il hésita un moment, ne sachant trop s'il tenterait de descendre jusqu'au bord du lac. Le rocher était escarpé et la nuit obscure, ce qui rendait la descente très-dangereuse. Aussi renonça-t-il à ce projet, et, serrant ses mains au-dessus de sa tête, il s'élança en avant aussi loin qu'il le put, dans la crainte qu'il n'y eût des récifs cachés; ayant plongé dans le lac, il fendit l'eau avec tant de force qu'il resta plus d'une minute sous sa surface. Halbert était un nageur intrépide et exercé, et revenu sur l'eau il traversa le lac dans la direction du nord. Arrivé à terre, et jetant un regard en arrière sur le château, il vit que l'alarme y avait été donnée; des flambeaux brillaient à chaque fenêtre, et il entendit baisser le pont-levis, et des cavaliers sortir du château. Mais, peu alarmé de se voir poursuivi pendant l'obscurité, il secoua l'eau qui couvrait ses vêtemens, et s'enfonçant dans les marécages il dirigea sa course vers le nord-est par le secours de l'étoile polaire.

FIN DU TOME SECOND DU MONASTÈRE.

ŒUVRES COMPLÈTES

DE

SIR WALTER SCOTT.

Cette édition sera précédée d'une notice historique et littéraire sur l'auteur et ses écrits. Elle formera soixante-douze volumes in-dix-huit, imprimés en caractères neufs de la fonderie de Firmin Didot, sur papier jésus vélin superfin satiné; ornés de 72 *gravures en taille-douce* d'après les dessins d'Alex. Desenne; de 72 *vues* ou *vignettes* d'après les dessins de Finden, Heath, Westall, Alfred et Tony Johannot, etc., exécutées par les meilleurs artistes français et anglais ; de 30 *cartes géographiques* destinées spécialement à chaque ouvrage; d'une *carte générale de l'Écosse,* et d'un *fac-simile* d'une lettre de Sir Walter Scott, adressée à M. Defauconpret, traducteur de ses œuvres.

CONDITIONS DE LA SOUSCRIPTION.

Les 72 volumes in-18 paraîtront par livraisons de 3 volumes de mois en mois ; chaque volume sera orné d'une *gravure en taille-douce* et d'un titre gravé, avec une *vue* ou *vignette*, et chaque livraison sera accompagnée d'une ou deux *cartes géographiques.*

Les *planches* seront réunies en un cahier séparé formant *atlas.*

Le prix de la livraison, pour les souscripteurs, est de 12 fr. et de 25 fr. avec les gravures avant la lettre.

Depuis la publication de la 3ᵉ livraison, les prix sont portés à 15 fr. et à 30 fr.

ON NE PAIE RIEN D'AVANCE.

Pour être souscripteur il suffit de se faire inscrire à Paris

Chez les Éditeurs :

A. SAUTELET ET Cᵉ, LIBRAIRES, Place de la Bourse	CHARLES GOSSELIN, LIBRAIRE DE S. A. R. M. LE DUC DE BORDEAUX, Rue St.-Germain-des-Prés, n. 9.

www.ingramcontent.com/pod-product-compliance
Lightning Source LLC
Chambersburg PA
CBHW070622100426
42744CB00006B/578